JN217424

TOKYO
HO
POTECHI

ひとりぐらしも極《きわ》まれり

カマタミワ
Miwa Kamata

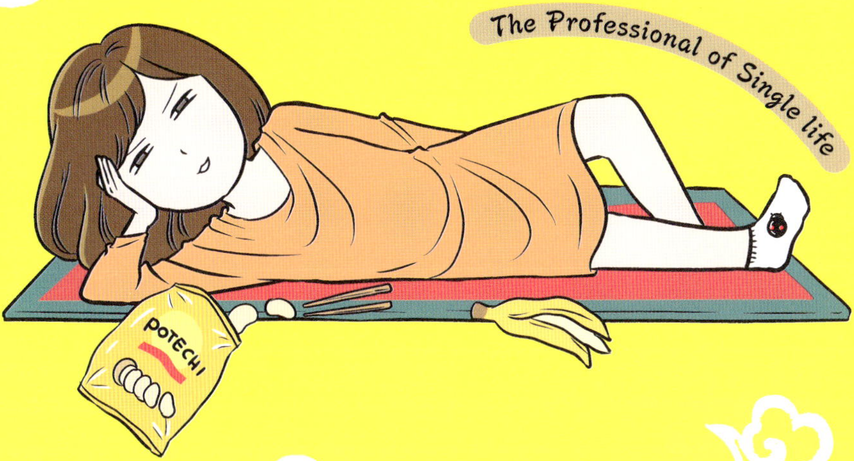

プロローグ

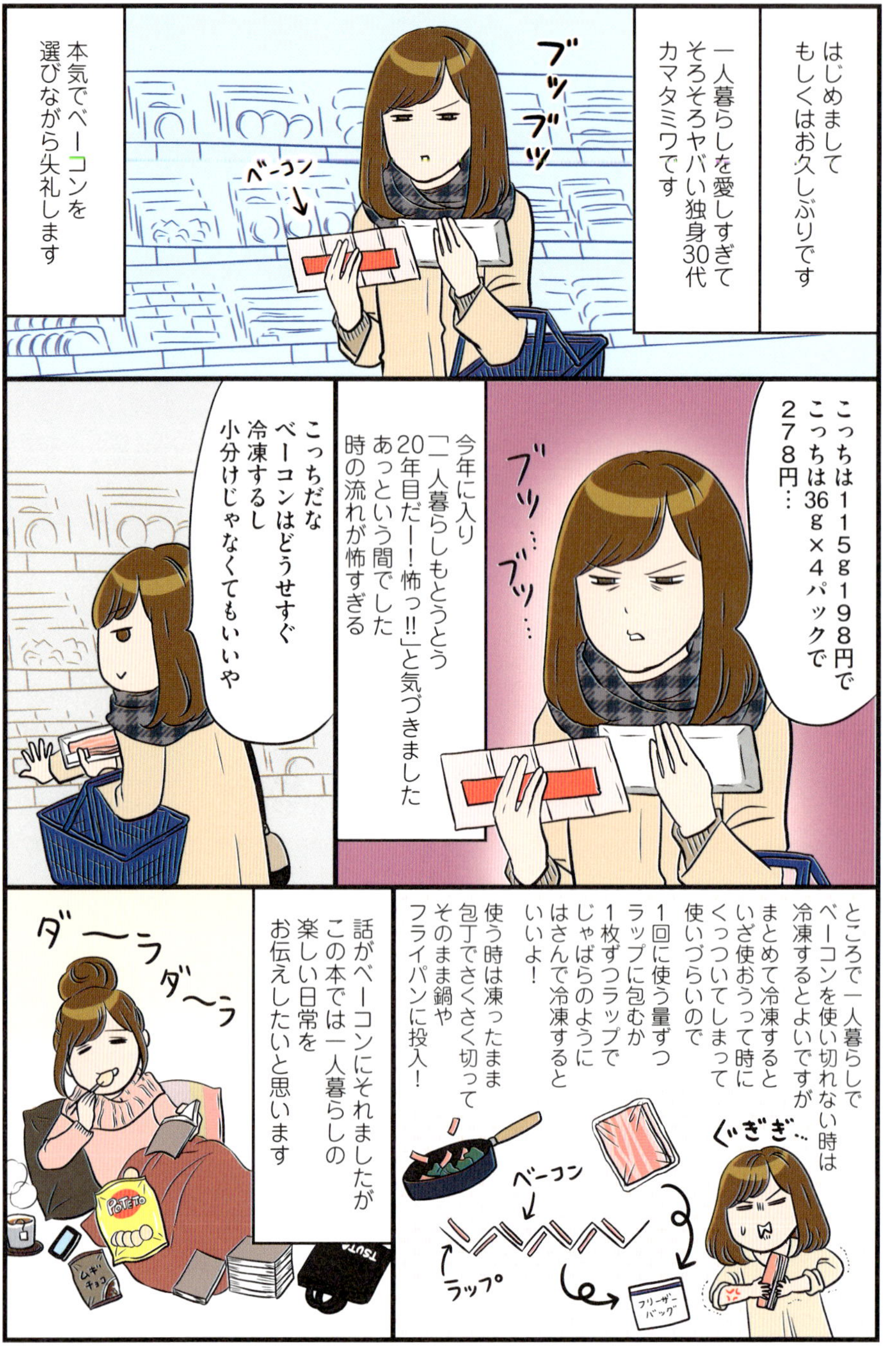

はじめまして
もしくはお久しぶりです
一人暮らしを愛しすぎて
そろそろヤバい独身30代
カマタミワです
ブツブツ
ベーコン
本気でベーコンを
選びながら失礼します
こっちは115g198円で
こっちは36g×4パックで
278円…
ブツ…ブツ…
今年に入り
「一人暮らしもとうとう
20年目だー！怖っ!!」と気づきました
あっという間でした
時の流れが怖すぎる
こっちだな
ベーコンはどうせすぐ
冷凍するし
小分けじゃなくてもいいや
ところで一人暮らしで
ベーコンを使い切れない時は
冷凍するとよいですが
まとめて冷凍すると
いざ使おうって時に
くっついてしまって
使いづらいので
1回に使う量ずつ
ラップに包むか
1枚ずつラップで
じゃばらのように
はさんで冷凍すると
いいよ！
使う時は凍ったまま
包丁でさくさく切って
そのまま鍋や
フライパンに投入！
ぐぎぎ…
ベーコン
ラップ
フリーザーバッグ
話がベーコンにそれましたが
この本では一人暮らしの
楽しい日常を
お伝えしたいと思います
ダ〜ラダ〜ラ
POTETO
ムギチョコ

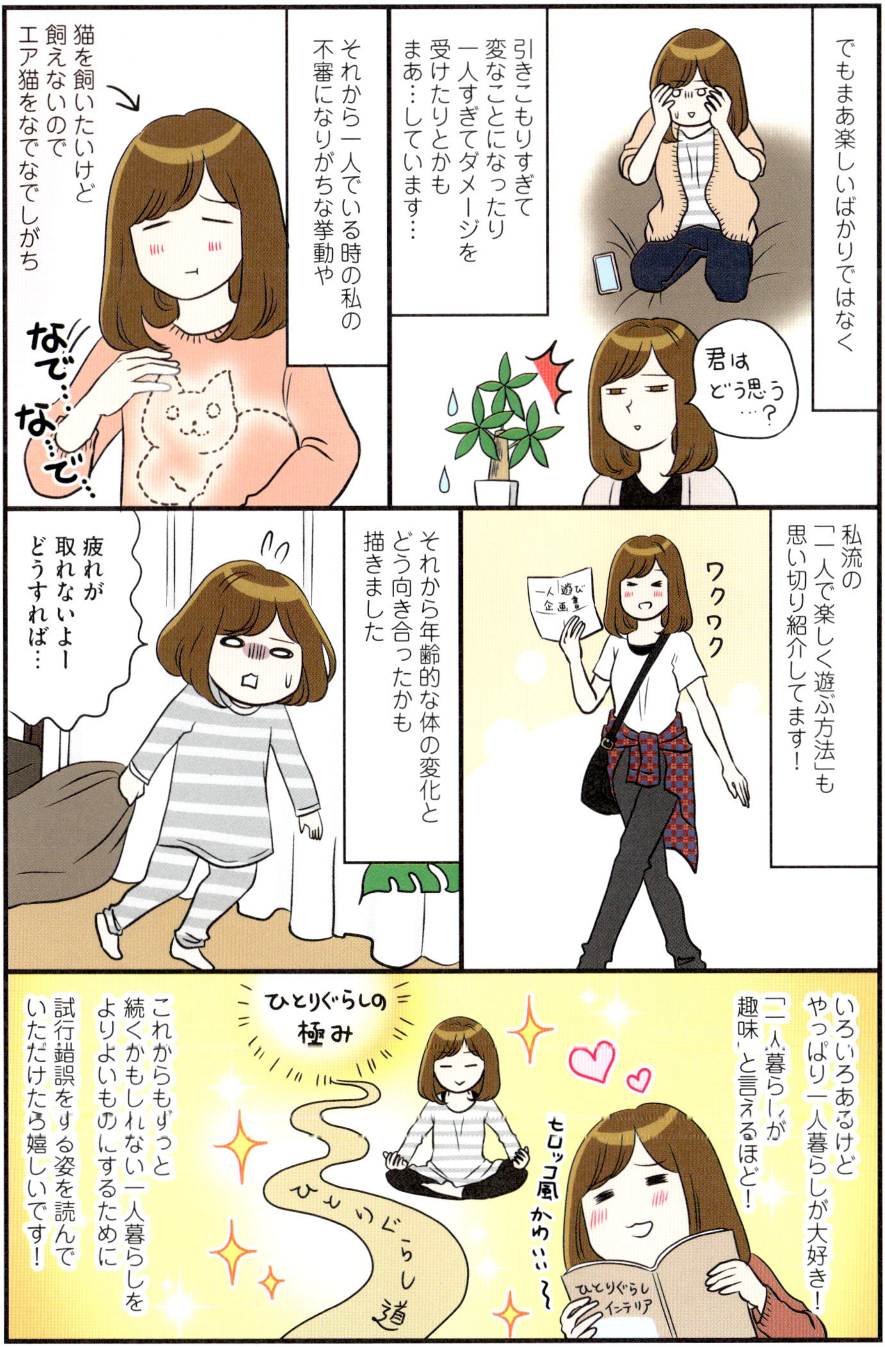
でもまあ楽しいばかりではなく
君はどう思う…？
引きこもりすぎて変なことになったり一人すぎてダメージを受けたりとかもまあ…しています…
それから一人でいる時の私の不審になりがちな挙動や
猫を飼いたいけど飼えないのでエア猫をなでなでしがち
なで…
な…で…
私流の「一人で楽しく遊ぶ方法」も思い切り紹介してます！
一人遊び企画書
ワクワク
それから年齢的な体の変化とどう向き合ったかも描きました
疲れが取れないよーどうすれば…
いろいろあるけどやっぱり一人暮らしが大好き！
「一人暮らしが趣味」と言えるほど！
モロッコ風かわいい～
ひとりぐらしインテリア
ひとりぐらしの極み
ひとりぐらし道
これからもずっと続くかもしれない一人暮らしをよりよいものにするために
試行錯誤をする姿を読んでいただけたら嬉しいです！

もくじ

プロローグ…2

1章 ひとりぐらしの忙しい日々…7

メガネが引きこもるとこうなる…8／引きこもりすぎてグレることもできない…9／引きこもりだけどグレてみた結果…10／足の上に何かいる…11／―二槽式洗濯機の思い出―…12／日光を怖がるきっかけ…14／心の友パキラさん…15／過去の同居人紹介…16／10年ぶりくらいの箱根…18／ビビリの人向けの小技…19／私だけに変な効能がある薬…21／一人で街をうろついてた時に出会った腑に落ちないことシリーズ…22

2章 ひとりぐらしのダメージ…23

SNSと私…24／ある年の年賀状…25／季節の変わり目にダメになる生き物…26／B・G・M…28／ご神託…29／風邪の時の夢…34／大戸屋さんのトイレ…36／誰もが一度は経験する一人鍋あるある…38／誰もが一度は経験するジムあるある…39／目覚め　ぬか床編　…40／目覚め 遅刻編…41／ガスコンロ修理を頼んだ結果…42／疲れ目…43

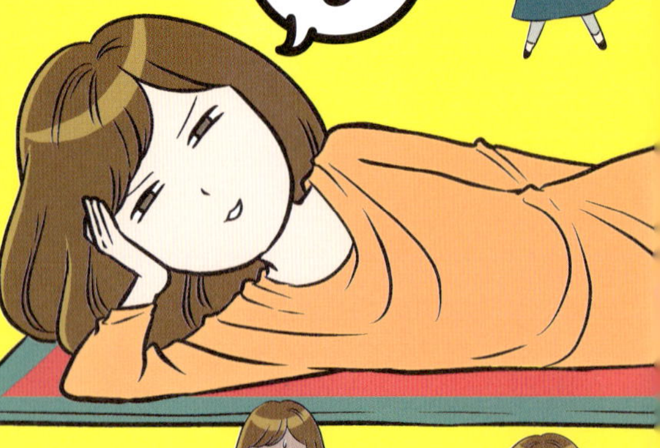

4章 おもてなし料理に向けての挑戦…79

おもてなし料理に挑戦したいと思ったきっかけ…80／癒しまくれ！あったかポトフ…82／楽していこう！パウンドケーキ…84／お呪…お祝い！　オリジナルおせち…86／簡単すぎる！ヤミーさんのキーマカレー…88／余った生春巻の皮で！フォー…92／余ったスイートチリソースで！　エビチリ…94／おもてなしへのリスタート！基本の味噌汁…96／おもてなし料理へのリスタート！基本の肉じゃが…102／ピクニックに向けて！いなり寿司…108／笠原さんからのアドバイス！…110／いよいよ！誰かをおもてなし…112／とうとうおもてなしに挑戦！…114

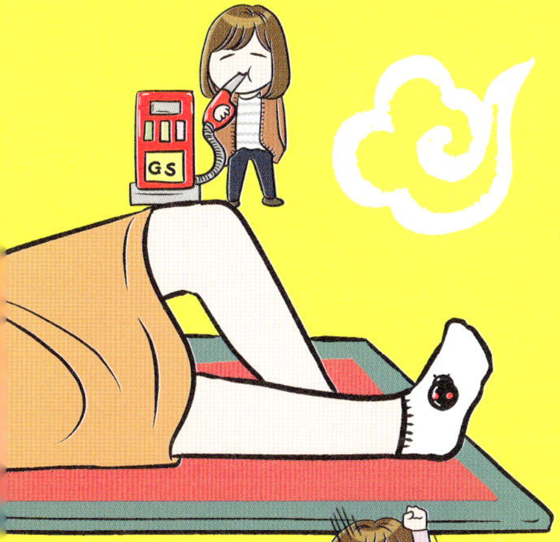
GS
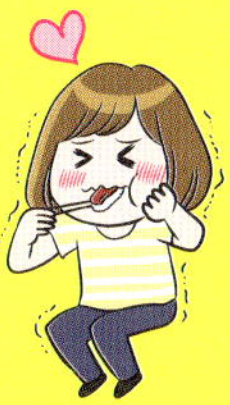
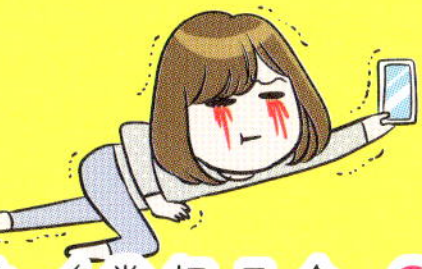
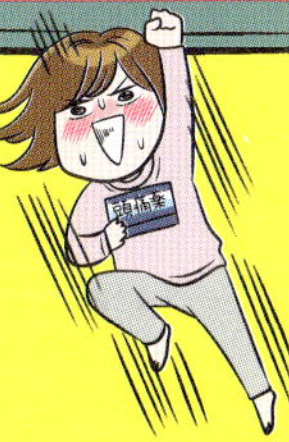
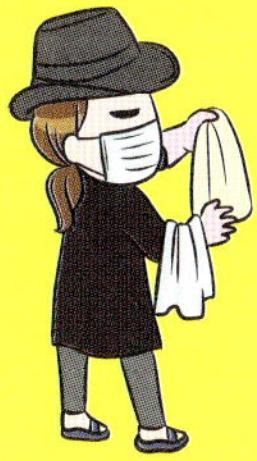
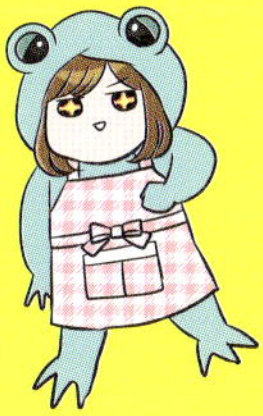

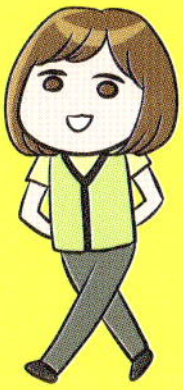
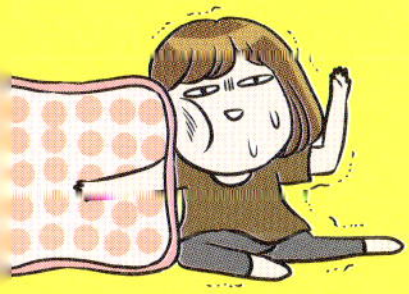
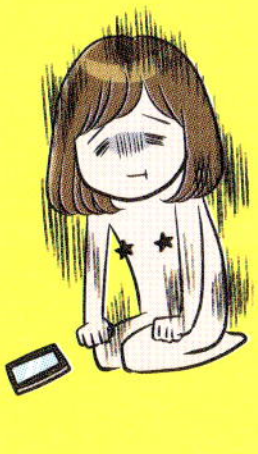
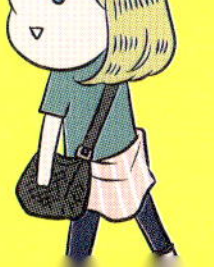
OH
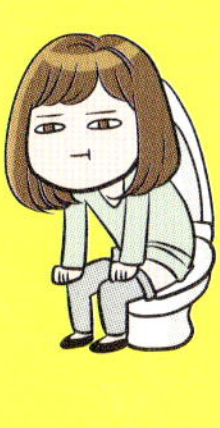

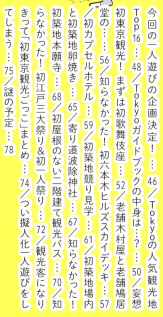

くるくる
できた
カチッ
髪の毛巻くの下手すぎて
今っぽく巻けない
そして顔も老けてるので
なんかバブルの風を感じる
ドドドドド

1章 ひとりぐらしの忙しい日々

メガネが引きこもるとこうなる

私はフリーランス一人暮らしで外に出るのが1週間に1回以下みたいな生活をしてます
本の中ではメガネをはずしてますが実際の姿はこんな感じ
家では常にスッピンメガネ
久しぶりに外出した時
ス…
クイッ
え…エアメガネクイってやっちゃった
すすす…
フサァ…
「つけまが取れてないか確かめただけですけどー?」
フサ…
フサァ…
…って顔するのが日に日にうまくなる

最近はつけまをつけるやる気もないので
「コンタクトがずれた」みたいな顔しがち

引きこもりすぎてグレることもできない

いろいろうまくいかなくて
イライラする〜!
今日はジャンクなもの食べてやる!
カップ麺とかスナック菓子とか…ない!
わかめ
ごそごそ
でも買いに行くのも外食もしたくない!
化粧とかすんのめんどくさいから!!
ぬるり
脂
あ! とろけるチーズ!
カリッと焦げたチーズはジャンクっぽいよね!
とろけるチーズ
よーしこれを鶏肉と…余り野菜たっぷりにめいっぱいかけて
ピッ
オーブンで焼いて…
ザクザク
できた——!!
鶏とたっぷり野菜のチーズ焼き
……これ普通に栄養バランスのいいおかずじゃないか…?
乳製品+
野菜たっぷり+
タンパク質

美味しかったけどイライラが増した

引きこもりだけどグレてみた結果

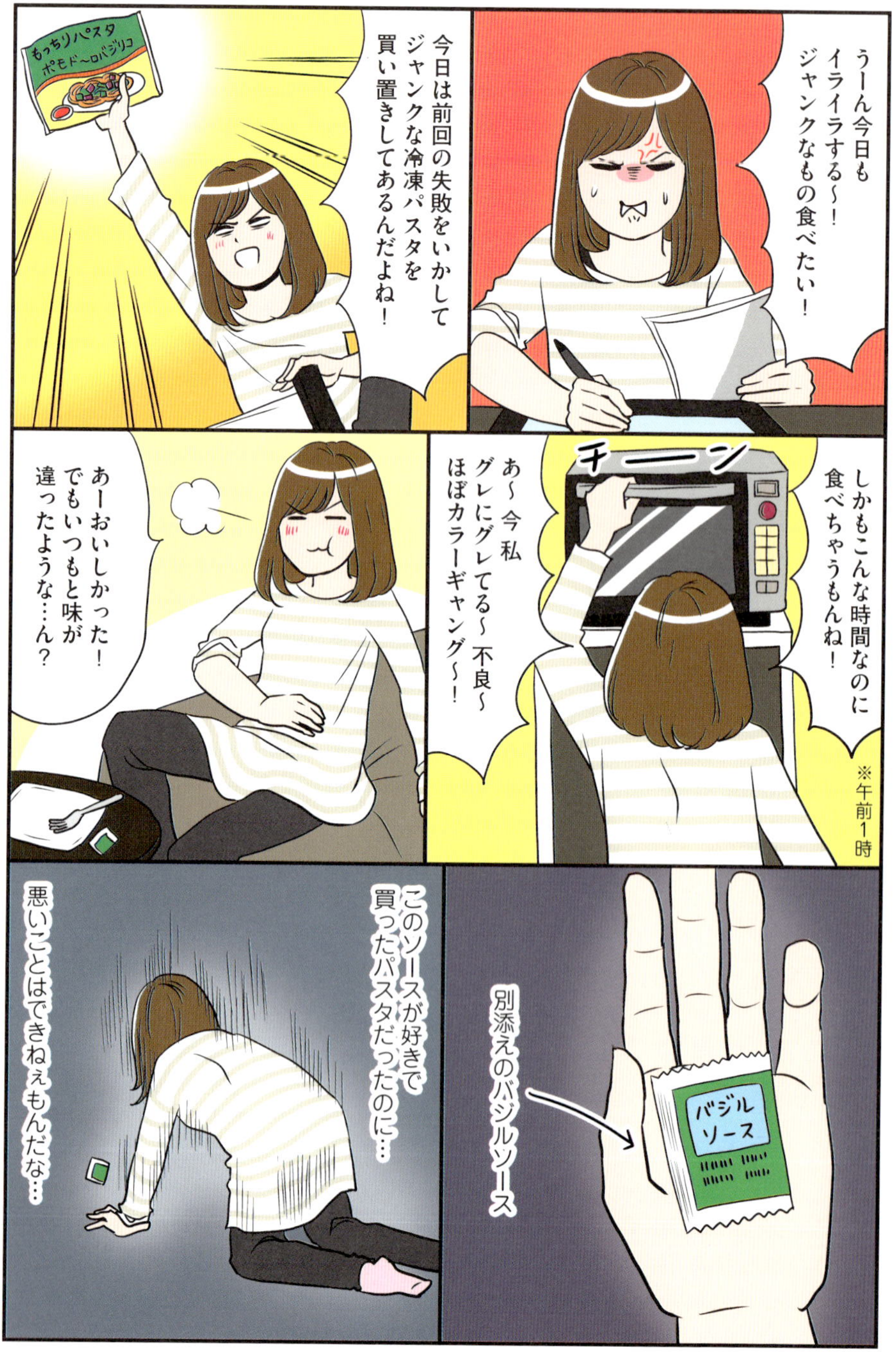
うーん今日も
イライラする〜！
ジャンクなもの食べたい！
もっちりパスタ
ポモド〜ロバジリコ
今日は前回の失敗をいかして
ジャンクな冷凍パスタを
買い置きしてあるんだよね！
しかもこんな時間なのに
食べちゃうもんね！
※午前1時
チーーン
あ〜今私
グレにグレてる〜 不良〜
ほぼカラーギャング〜！
あーおいしかった！
でもいつもと味が
違ったような…ん？
別添えのバジルソース
バジル
ソース
このソースが好きで
買ったパスタだったのに…
悪いことはできねぇもんだな…

足の上に何かいる

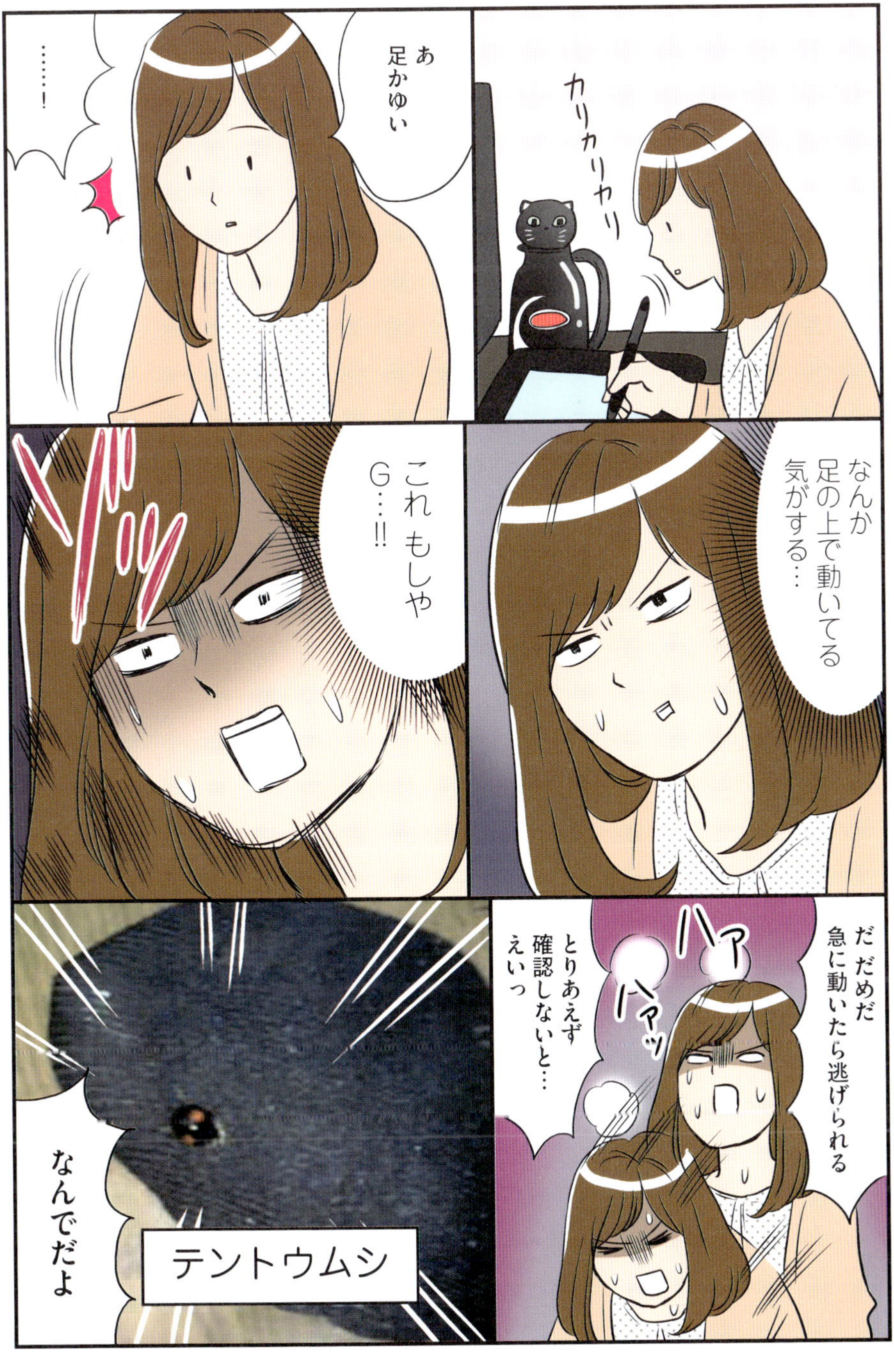

家の中で初めてテントウムシ見た
靴下がボロいのはすいません…外用として何年も履いた後に
部屋着に下ろすので部屋用の靴下はすべてこのありさまです

二槽式洗濯機の思い出

最初に住んだマンションの洗濯機置き場がなぜか二槽式の洗濯機しか置けないサイズだった
仕方なく二槽式洗濯機を購入
逆に高かったんだけど…
当時の私
ピーピー
洗濯終わったな
二槽式は洗い終わって水を吸った重い洗濯物を毎回脱水槽に移さなければならないのだ
お重い…
ずるり
10年近く経つと洗濯中によく動かなくなりやたらピーピー呼ばれるようになった
ピーピーピー
なんで洗濯終わってないのに鳴るんだよ
壊れかけた家電の要介護感なんなの!?
引っ越しして洗濯機置き場がベランダになってから
・洗う時　・脱水槽に移す時　・脱水が終わった時
・まだ終わってないのに動かなくなりピーピー鳴ってる時×2～3回
・干してたのを取り込む時
洗濯の度に6回以上ベランダに出ることに
私は紫外線におびえすぎておりその度に帽子をかぶってマスクと、ゴム手袋をする
不審者
1日6回以上このかっこうに着替えるのめんどい
しかもその帽子がテンガロンハットだから窓にガツンガツン当たるんだよ!
ガン
ガン
それはテンガロンじゃないやつをかぶれよ
とうとう完全に壊れて全自動洗濯機を買ったその年の自分への誕生日プレゼントとして
自分の誕生日プレゼントに洗濯機って…

おしゃれになりたくて買ったテンガロンが
おそろしく似合わなかったので
こんな使い道に…

スタートボタンが一つだけ…!?
スタート
一時停止
ま まさか…
ボタン一つで洗濯から脱水まで終わってるだと――!?
全自動ってそういうものだろ
実家も全自動だったのに10年ほどの二槽式生活の後だったのでものすごい感動してしまった
なんというワンステップ
うおおぉ
ストレスそのものでしかなかった洗濯が好きになったよ!
ありがとう自分! ありがとう全自動! 最高の誕生日プレゼントだ!
以前冷蔵庫が壊れた時もお金がなくて数か月我慢してから買ったら冷蔵庫のありがたみに感動した
つ…冷たい!
食材を買いだめできるだなんて文明の利器すぎる!
こうして家電を偏愛する人間になっていく
いつか乾燥機つき洗濯機を買ったら私はどうなってしまうのか
ギャン
乾燥まで終わってるだと…!?
人は神にでもなるつもりか!?

日光を怖がるきっかけ

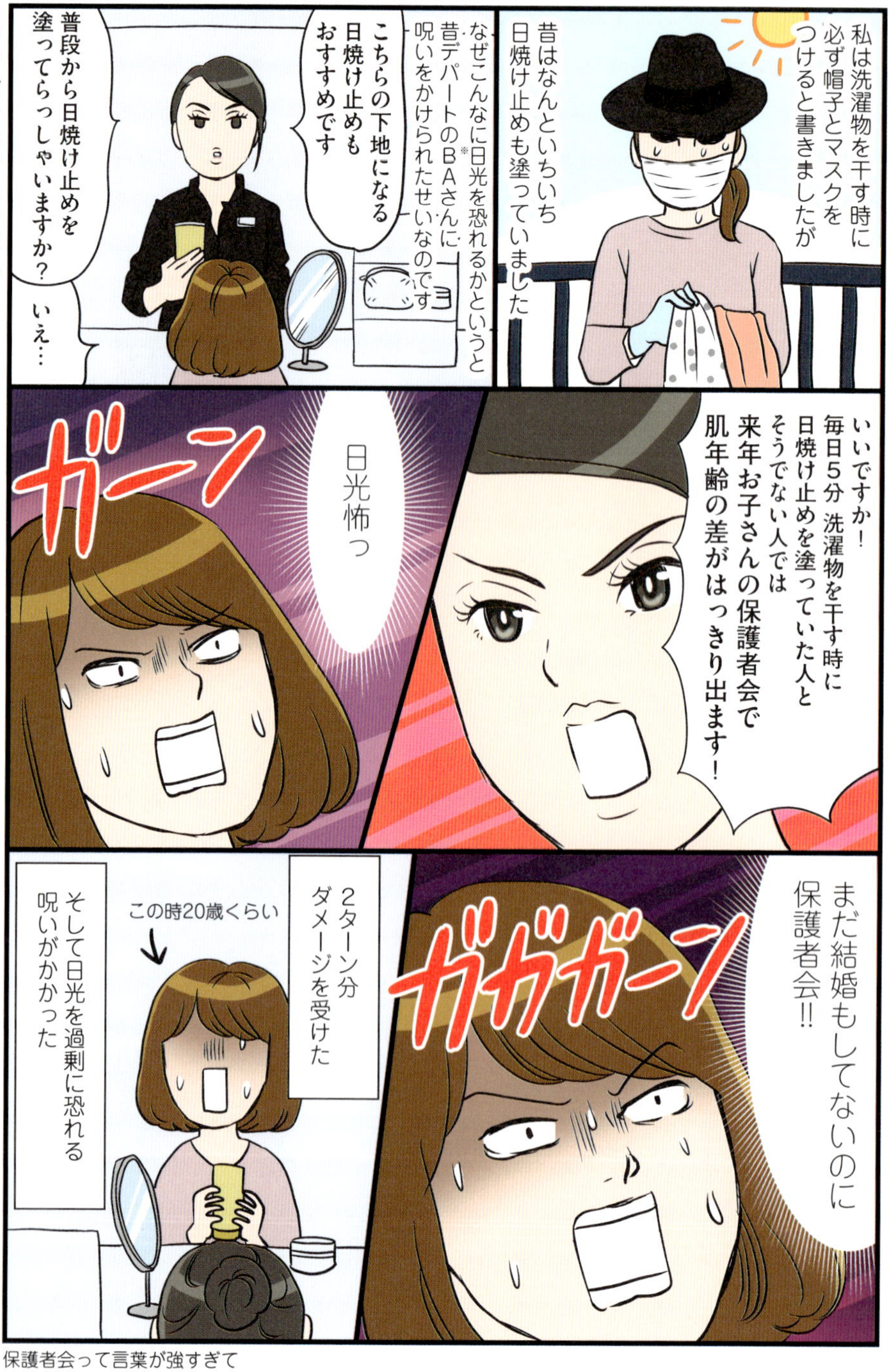

私は洗濯物を干す時に必ず帽子とマスクをつけると書きましたが
昔はなんといちいち日焼け止めも塗っていました
なぜこんなに日光を恐れるかというと昔デパートのBA※さんに呪いをかけられたせいなのです
こちらの下地になる日焼け止めもおすすめです
普段から日焼け止めを塗ってらっしゃいますか？
いえ…
いいですか！毎日5分 洗濯物を干す時に日焼け止めを塗っていた人とそうでない人では来年お子さんの保護者会で肌年齢の差がはっきり出ます！
ガーン
日光怖っ
まだ結婚もしてないのに保護者会!!
ガガガーン
2ターン分ダメージを受けた
この時20歳くらい
そして日光を過剰に恐れる呪いがかかった

＊BA…ビューティーアドバイザー

保護者会って言葉が強すぎて
強烈に脳に刻まれてしまった…

心の友パキラさん

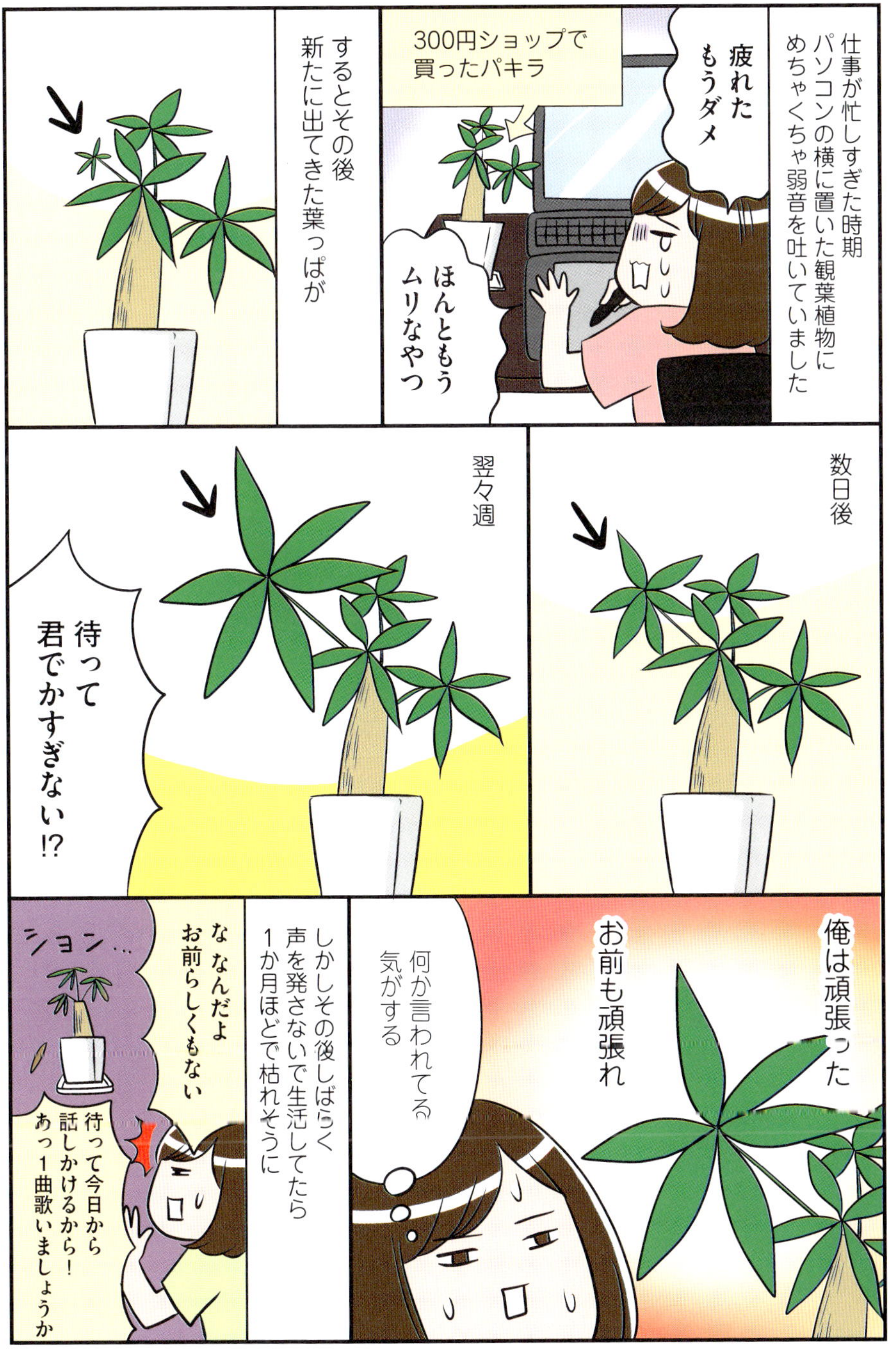
仕事が忙しすぎた時期
パソコンの横に置いた観葉植物に
めちゃくちゃ弱音を吐いていました
疲れた
もうダメ
300円ショップで
買ったパキラ
ほんともう
ムリなやつ
するとその後
新たに出てきた葉っぱが
数日後
翌々週
待って
君でかすぎない!?
俺は頑張った
お前も頑張れ
何か言われてる
気がする
しかしその後しばらく
声を発さないで生活してたら
1か月ほどで枯れそうに
ション…
ななんだよ
お前らしくもない
待って今日から
話しかけるから!
あっ1曲歌いましょうか

過去の同居人紹介

一人暮らしを始めて
3番目に住んだマンションは
マンションと呼ぶのが
はばかられるほど古びた
建物でした
遊びに来た友人
初めて来た時
え、ここ?って
思った…
ごめん
敷地内には緑がいっぱいで
春には至近距離で
花見ができて
大好きなアパー…
マンションだったのですが
住んでた3階の
玄関前に
もっさり桜
得した
気分〜
その分 異様な生命力に
あふれていたのです!
例えば3階から1階に
降りようとするとその間に
ヴヴヴヴヴ
来なすった!
低空飛行で向かってくる
瀕死のセミが2匹!
バツーン
バチッ
痛ってえ

「ボトッ」と重量感のある
音とともに天井から落下する
ヤモリ1匹!!
ボトッ
意外にしっかりした音がする!
しかし上にばかり
気を取られていると
ギャッ
足元には
長く艶やかに伸びた
ナメクジが!
むっちりん
ビク
ああああ
もっちりつやつや
ですねえ!?
何祭りなんだよ!
いらないよこんな
アトラクション!
ドキドキドキ
この時で築35年以上!
1K26平米で家賃6万円台!
生命の息吹を肌で感じたい方に
おすすめ!
と思って調べてみたら
外装が綺麗に
リフォームされて
家賃が1.2万も上がってたんだけど!?
なにそれアトラクションの追加料金?

10年ぶりくらいの箱根

連休が取れたので10年ぶりくらいに箱根でのんびりすることに
あれ!? 昨日まで暖かかったのに急に極寒！ そして雨！
ロマンスカー好きなんだよねー嬉しいなー
でもなかなか出発しないな…
人身事故が発生したため運転を見合わせております
振り替え輸送の湘南新宿ラインへ
信号機故障の影響で運転を見合わせて…
わ…私 箱根に行っちゃダメなのかも…！
このまま無理に箱根に着いても箱根が爆発するかもしれない…!!

たまに贅沢しようとするとこんななる
箱根はギリギリ爆発してなかった

ビビリの人向けの小技

煮立ってるお湯や熱した油に食材を投入する時はねそうで怖くないですか？
ぐらぐら
ビクビク
私は怖い
特に夏ほぼ裸みたいなかっこうで料理している時はダメージがでかい
あ゛っっ
そんな時はコレ！
テレッテー
おたまー！
おたまに乗せてちょっとずつ投入！距離が稼げる！
あと豆腐の味噌汁を作る時料理上手ぶって手の平の上で豆腐を切るんだけど内心めっちゃびびってませんか？
私はびびる
そんな時もコレ！
テレッテー
おたまー！
半分に切った豆腐を乗せておたまの上で切るそのまま煮立っただし汁に投入！
手の上に乗せて切って流血した上にお湯をかぶってやけどするという悲劇を回避できる！
この悲劇→私だけ…？

超美味しい！
私が作れる数少ないおつまみの一つ
ピリ辛きゅうりの作り方
簡単だけど美味しくて箸が止まらなくなるよ！
洗ってイボをこそげたきゅうりを包丁の背中で軽く叩きます
麺棒を使うのがめんどうだから…
トン
トン
寝かせた包丁の側面をきゅうりにぐっと押し付けて割り食べやすい大きさに手でちぎります
ぐっ
バキッ
軽く塩を振ってしばらく置いたら軽く絞ります
ギュッ
ギュ
ごま油 ニンニクしょう油（なければ普通のしょう油）ラー油をお好きな割合で混ぜてきゅうりを和えて冷蔵庫でしばらく冷やします
完成！
…というどこにでもあるレシピなのだが
これは社会人1年目くらいにお気に入りだった蒲田の居酒屋メニューの味つけをパクり
これ美味しい！
作れるよね？ごま油とラー油？
学生の頃働いていたカラオケ屋の厨房にいた「ショウさん」がやってたきゅうりのたたき方を見よう見まねでまねたという私の人生の集大成のようなメニュー！
バキッ
ぐっ
じ～
思い出補正でいつ作っても
美味すぎる！
ってなる
冒頭で超美味しい！って書いたけど私にとってだけだったらごめん
でも特に思い入れのないあなたにも多分 普通程度には美味しいので是非

私だけに変な効能がある薬

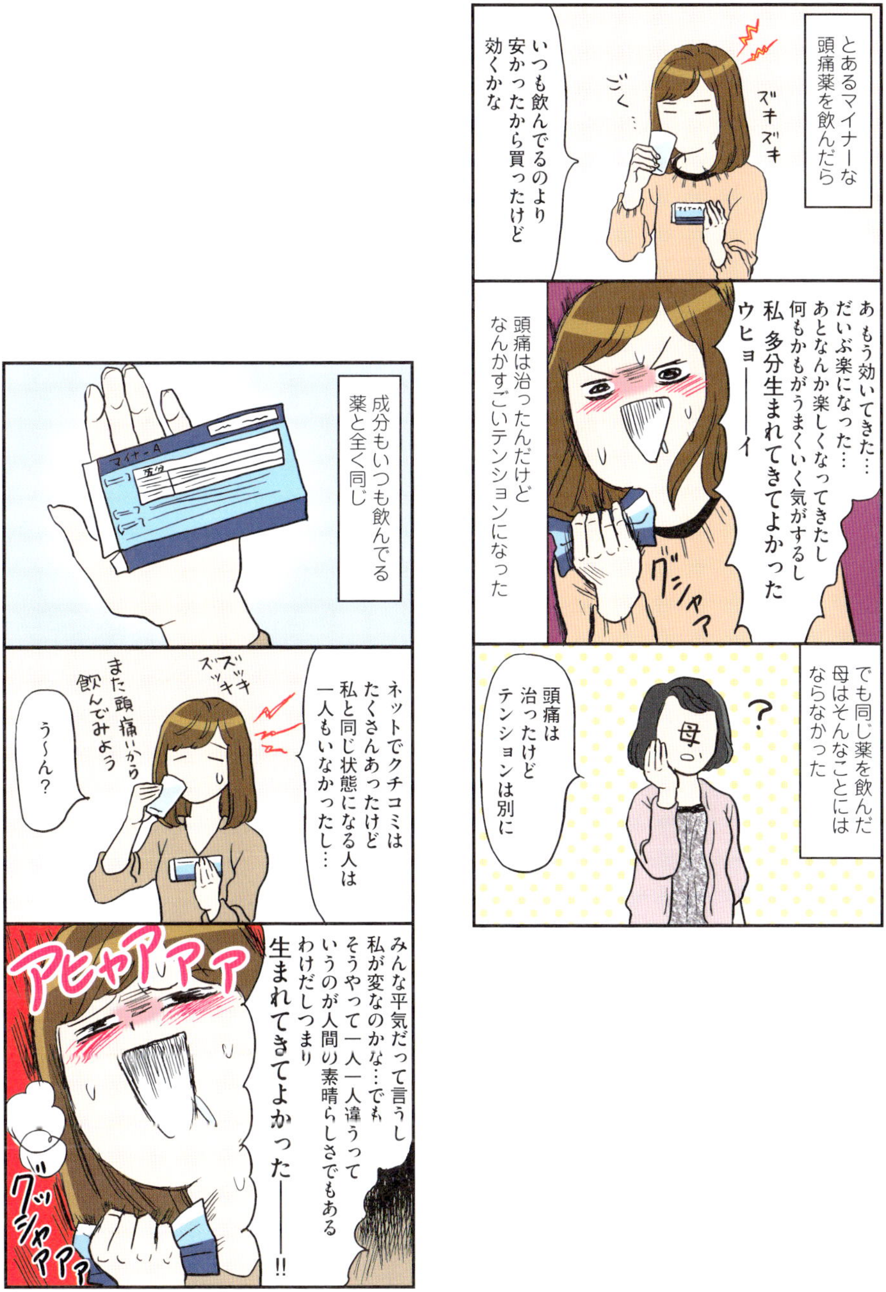

とあるマイナーな頭痛薬を飲んだら
ズキズキ
ごく…
いつも飲んでるのより安かったから買ったけど効くかな
あもう効いてきた…だいぶ楽になった…あとなんか楽しくなってきたし何もかもがうまくいく気がするし私 多分生まれてきてよかったウヒョーーーイ
グシャァ
頭痛は治ったんだけどなんかすごいテンションになった
でも同じ薬を飲んだ母はそんなことにはならなかった
?
母
頭痛は治ったけどテンションは別に
成分もいつも飲んでる薬と全く同じ
ネットでクチコミはたくさんあったけど私と同じ状態になる人は一人もいなかったし…
ズッキズッキ
また頭痛いから飲んでみよう
う〜ん?
みんな平気だって言うし私が変なのかな…でもそうやって一人一人違うっていうのが人間の素晴らしさでもあるわけだしつまり生まれてきてよかったーーー!!
アヒャアァァ
グシャァアァ

私もうこの薬飲まない方がいいかな

一人で街をうろついてた時に出会った
腑に落ちないことシリーズ

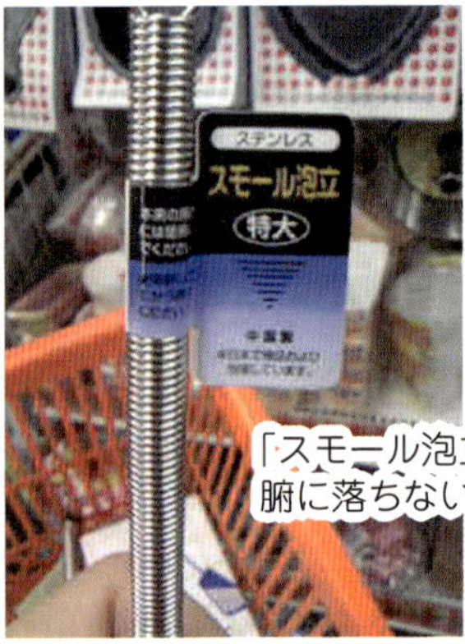

「スモール泡立て特大」が
腑に落ちない

「まるごとバナナ
バナナ1/2本入り」が
腑に落ちない

これ多分
エビチリじゃないと思うんだけど
これだけあるとエビチリって
こんな感じだったような
気がしてきた

ある美容院の前に並べられてた植木鉢
これは…この店の客の末路？
カラスを追い払うためにカラスの死骸を
ぶら下げておくのと同じシステム？
「立ち去れ…お前もこうなりたくなければな！」
ってこと？ 美容院なのに？

会議室Dでは
何が行われてるんだよ

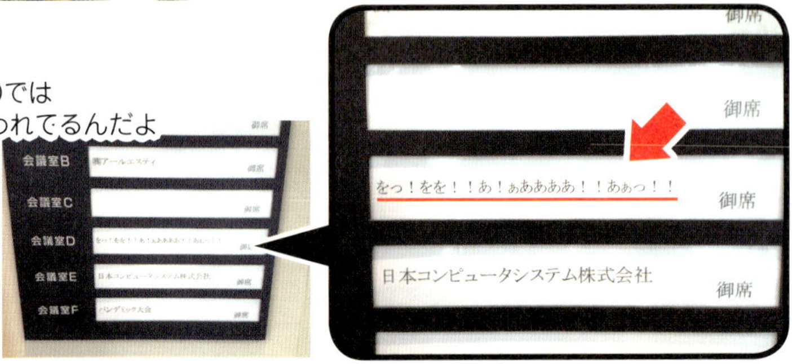

2章 ひとりぐらしのダメージ

SNSと私

Twitterでは漫画を描く人を多くフォローしており
フォロー
アニメやゲームのキャラの妄想などがよく流れてくるので
A
B
ほう…
「二次元の人達の」「自分が関わらない」「楽しい出来事の妄想」を見たい時はTwitterを見る
フェイスブックで繋がっているのは主にリアルの友人知人
友達
Ayako Endo
Ami Nakata
Akira Tanaka
ほう… 子供の運動会…
こないだまで赤ちゃんじゃなかった?
「実在する人達の」「自分自身は関わらない」「楽しい出来事の実話」を見たい時はFBを見る
どちらにせよ関わらない

ある年の年賀状

年賀状の切手シート当たったー！
2枚も！
年賀状来たの13枚なのに
１００本に2本の切手シートが当たるってすごい確率だし
私は２００枚年賀状出したのに
返事が13枚っていうのもすごい確率だから
今年はいい年になる…
は…ず…

季節の変わり目にダメになる生き物

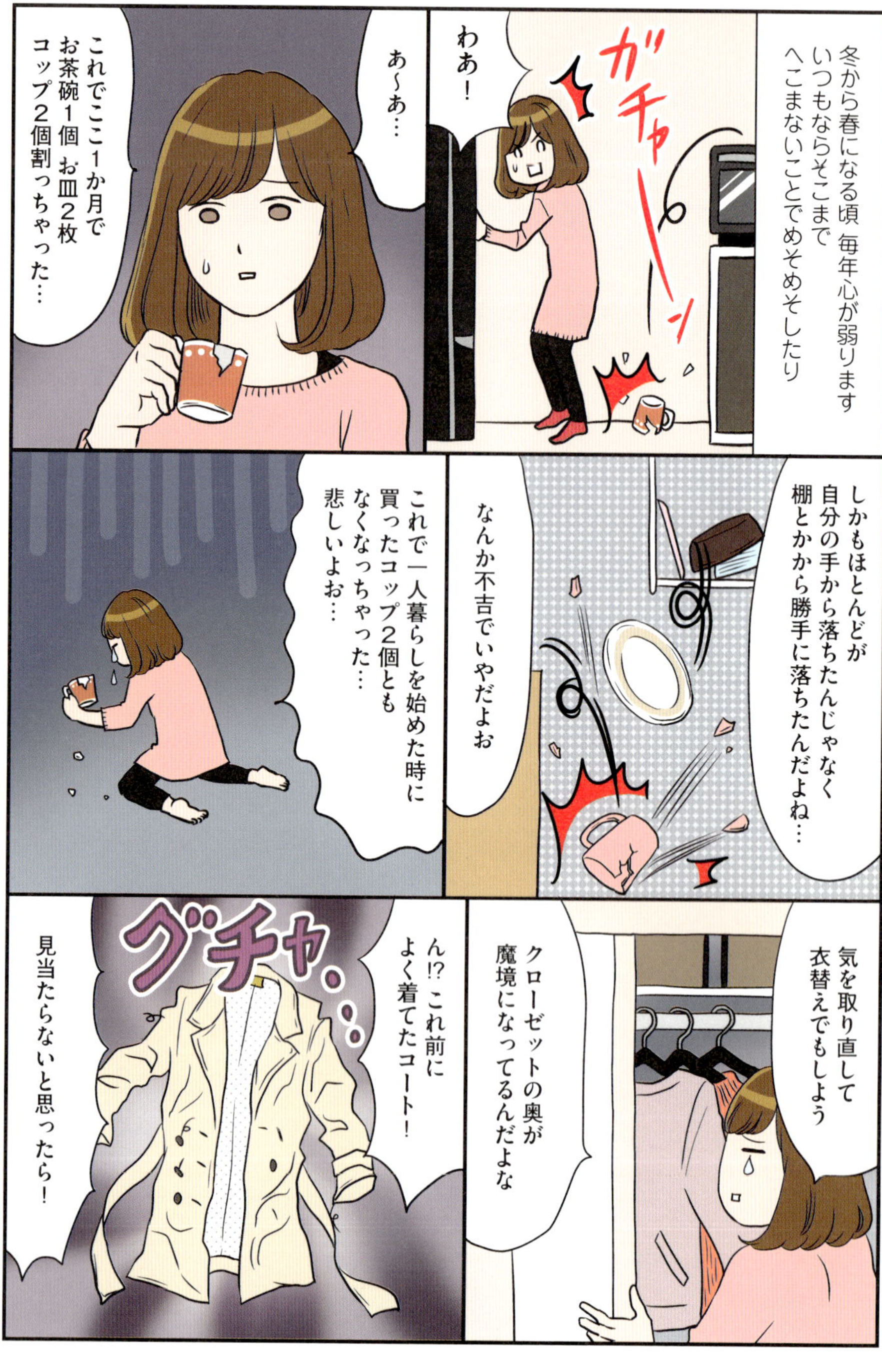

冬から春になる頃 毎年心が弱ります
いつもならそこまで へこまないことでめそめそしたり
ガチャーン
わあ！
あ～あ…
これでここ1か月で お茶碗1個 お皿2枚 コップ2個割っちゃった…
しかもほとんどが 自分の手から落ちたんじゃなく 棚とかから勝手に落ちたんだよね…
なんか不吉でいやだよお
これで一人暮らしを始めた時に 買ったコップ2個とも なくなっちゃった… 悲しいよお…
気を取り直して 衣替えでもしよう
クローゼットの奥が 魔境になってるんだよな
ん!? これ前に よく着てたコート！
グチャ
見当たらないと思ったら！

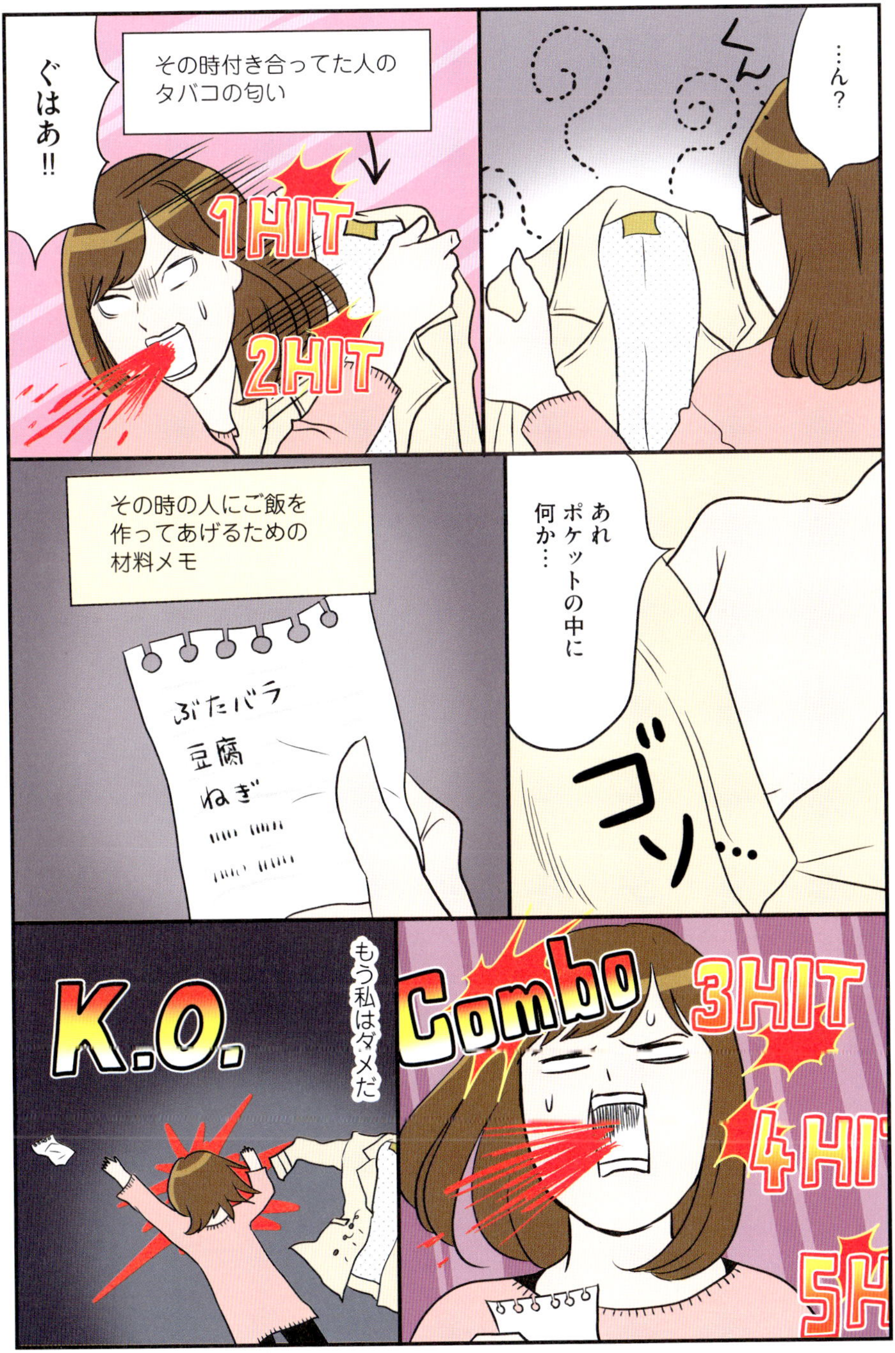
くん…
…ん?
ぐはあ!!
その時付き合ってた人のタバコの匂い
1HIT
2HIT
あれ
ポケットの中に
何か…
ゴソ…
その時の人にご飯を作ってあげるための材料メモ
ぶたバラ
豆腐
ねぎ
Combo
3HIT
4HI
5H
もう私はダメだ
K.O.

春じゃなければ耐えられたんだ…
匂いってほんと記憶と直結しますよね
こういった事故で死なないためにも
クリーニング大事

B・G・M

仕事が忙しかった時
家に食料がなくなり
近所に一人でご飯を食べに
はぁあ〜〜〜〜〜〜
疲れた……
ガタン
もうやだ…無理
間に合う気がしない
なんで私こんなに仕事遅いの…
ていうかもっと
計画的に進めてれば…
自己嫌悪と
身体的な疲労で
死にそう…
店に入ってすぐ
こじゃれた音楽が終わった
フ…
!?
パーッパラー
パーパラ
パッパラパー
パーパラー

若かりし頃のヒデキ
素晴らしい
Y〜〜M・C・A!!
Y〜〜M・C・A!!
ゆううつなど
吹き飛ばして
君も元気出せ〜よ!!
ヒ ヒデキ〜〜〜!!
おしゃれダイニングバーに
大音量で響き渡る『ヤングマン』に
元気づけられました
ヒデキ…ありがとう
最後まで頑張る…
そしてその次の曲が
海援隊の『贈る言葉』
さよならだけでは
さびしすぎるから
愛するあなたへ
贈る言葉
なんなの?
泣かせたいの?

有線っぽかったから偶然だろうけど
すごいタイミングだった
ヒデキに励まされた気がしたんだ…

ご神託

去年の後半
私は仕事関係で悩みがあって
泣きそうな状態で近所のお寺に
お参りに行きました
私 今仕事でうまく
いかないことがあって…
でも早く目標を
達成したいんです!
頑張りますので!
なにとぞ!
なにとぞお力添えを…
おみくじ
引こう…
チャリーン…
おみくじ100円
小吉か～…
運勢小吉
山の うぐいす
物ごとひかえめにし心正しく身をまもってあまり進んでしない方がよい わるい人にさまたげられて思わぬあやまちをすることあり交際その他気をつけよ
○願望 あせらず好機をまてよ
○待人 おそいが来る
○失物 出にくい
○旅行 盗難用心せよ
○商売 高からず 利少し
○学問 雑念が多すぎる
物ごとをひかえめにし
心正しく身をまもって
あまり進んでしない方がいい
願い事…あせらず好機を待て
ええ～～～身をまもって…
あせらず待てって…
早くなんとかしたいし
頑張りたいのに
今はダメってこと…?

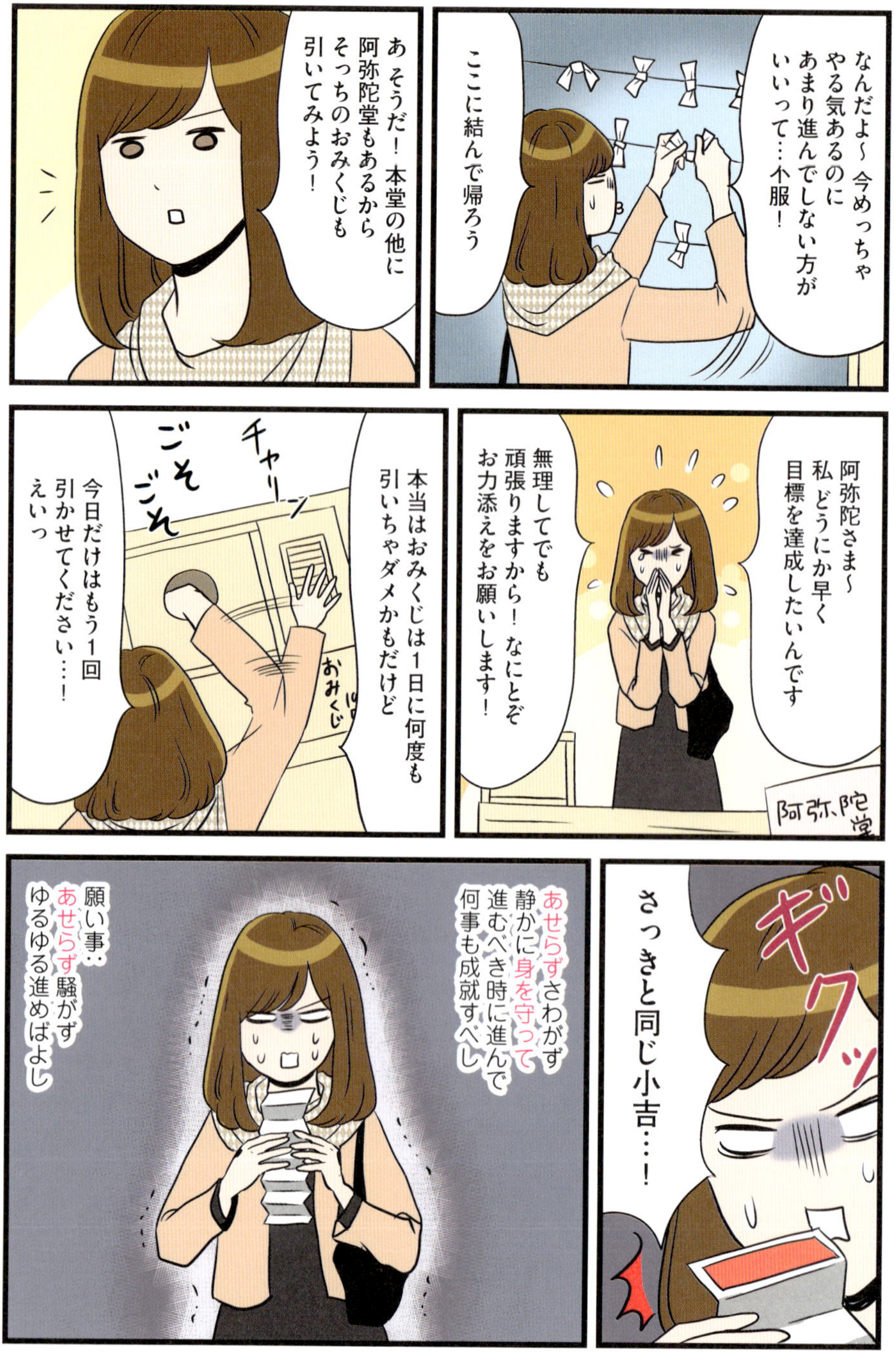
なんだよ～今めっちゃ
やる気あるのに
あまり進んでしない方が
いいって…不服！
ここに結んで帰ろう
あ そうだ！本堂の他に
阿弥陀堂もあるから
そっちのおみくじも
引いてみよう！
阿弥陀さま～
私どうにか早く
目標を達成したいんです
無理してでも
頑張りますから！なにとぞ
お力添えをお願いします！
阿弥陀堂
本当はおみくじは1日に何度も
引いちゃダメかもだけど
チャリーン
おみくじ
ごそごそ
今日だけはもう1回
引かせてください…！
えいっ
ギクッ
さっきと同じ小吉…！
あせらずさわがず
静かに身を守って
進むべき時に進んで
何事も成就すべし
願い事：
あせらず騒がず
ゆるゆる進めばよし

お同じこと
言われとる――!!
比較画像
運勢小吉
物ごとひかえめにし心正しく身をまもってあまり進んでしない方がよい　わるい人にさまたげられて思わぬあやまちをすることあり交際その他気をつけよ
○願望《ねがいごと》　あせらず好機をまてよ
○待人《まちびと》　おそいが来る
○失物《うせもの》　出にくい
おみくじ1
おみくじ2
ない道も月がさ
るくなる如《ごと》く幸《さい》
福次第《しだい》に加《くわ》わる運《うん》ですから
あせらずさわがず静《しず》かに身
を守《まも》って進《すす》むべき時に進ん
で何事も成就《じょうじゅ》すべし
運勢　小吉
願望《ねがいごと》　あせらず騒がずゆる〳〵進《すす》めばよし
待人《まちびと》　おそいが来る
失物《うせもの》　出る　高《たか》い所の間《あいだ》
旅行《たびだち》　慌《あわ》てない方がよい
商売《あきない》　売買《うりかい》共《とも》に利益《りえき》あり
学問《がくもん》　自己の弱さに負けず勉学《べんがく》せ
相場《そうば》　売り時としてはよ
「あせらず」どんだけ言うの…
ゾゾォ…
そして違う種類のおみくじなのに「身をまもって」なんて独特な表現がこっちにも…怖…
………
私あせってたかな…

精神的にもここのところずっとしんどかった…
じわっ…
ちょっと落ち着こう あせると逆に うまくいかないもんね…
ほらどっちもゆるゆる進めば大丈夫的なこと書いてあるし ゆるゆるだね ゆるゆる…
(さっきの)
反省し さっき結び付けたおみくじもほどいて持って帰りました
またあせった気持ちになったらこの2つのおみくじを読み返そう…
そして翌週浅草に行った時浅草寺で引いたおみくじ
「いたずらに功を焦って努力しても何にもならないでしょう。」
囲や部下の協力が得られるでしょう。
争知臨敵處
しかし、いたずらに功を焦って努力をしても何にもならないでしょう。
道勝却虚名
たとえ目的を達したとしても、それは無駄なことになります。
No.26 REGULAR FORTUNE
もう分かったよ! あせらなきゃいいんでしょ!?

なんなの!?全国のお寺の仏さまや阿弥陀さまはiCloudかなんかで情報共有してんの!?
私のデータのとこ「カマタミワ 女 30代 独身 あせりすぎ 乾燥肌」とか書かれてんのかな
乾燥肌はほっといてほしい

おまけ 恋愛について
1回目に引いたおみくじ
相場《そうば》 売り買い共に利少し
争事《あらそい》 人にまかせてよし
恋愛《れんあい》 相手を見きわめよ
転居《やうつり》 早い方が利益あり
出産《おさん》 安産産後《さんご》にきをつけよ
病気《やまい》 処をかえ保養せよ
「恋愛: 相手を見きわめよ」
2回目に引いたおみくじ
争事《あらそい》 我《が》意《い》を張《は》れば損有《そんあり》
恋愛《れんあい》 余り深入りするな
転居《やうつり》 人をかえて探《さが》せ
出産《おさん》 さわりなし 安心《あんしん》せ
よ
病気《やまい》 平癒《へいゆ》す信心《しんじん》が大切
「恋愛: 余り深入りするな」
ここも同じこと言われとる…!
そしてこの時から3か月後 あせらず粛々と過ごしたところ 状況は少しずつ好転
家に引きこもって働き続けた数か月間を乗り越え やっと休みを取って外に遊びに行けるようになった
今日はお礼を言いに来ました ありがとうございました!
チャリーン
ごそごそ
よしまたおみくじ引こう
あ 末吉…だけど すごくいい内容!
わーい! ほんとにその通り!…ん?
籠の中にいた小鳥が放されて 自由に飛び歩くように 苦しみを逃れて楽しみの多い 身となる運です
「恋愛: 深入りするな」
争事《あらそい》 勝つことやすし
恋愛《れんあい》 深入りするな
転居《やうつり》 さわがず人に任《まか》せよ
出産《おさん》 安し 産後《さんご》用心《ようじん》せよ
病気《やまい》
ここはそのままかよ

もう〜〜〜仏さまiCloudの精度〜〜〜!!
まあ深入りしませんでしたけど!!

風邪の時の夢

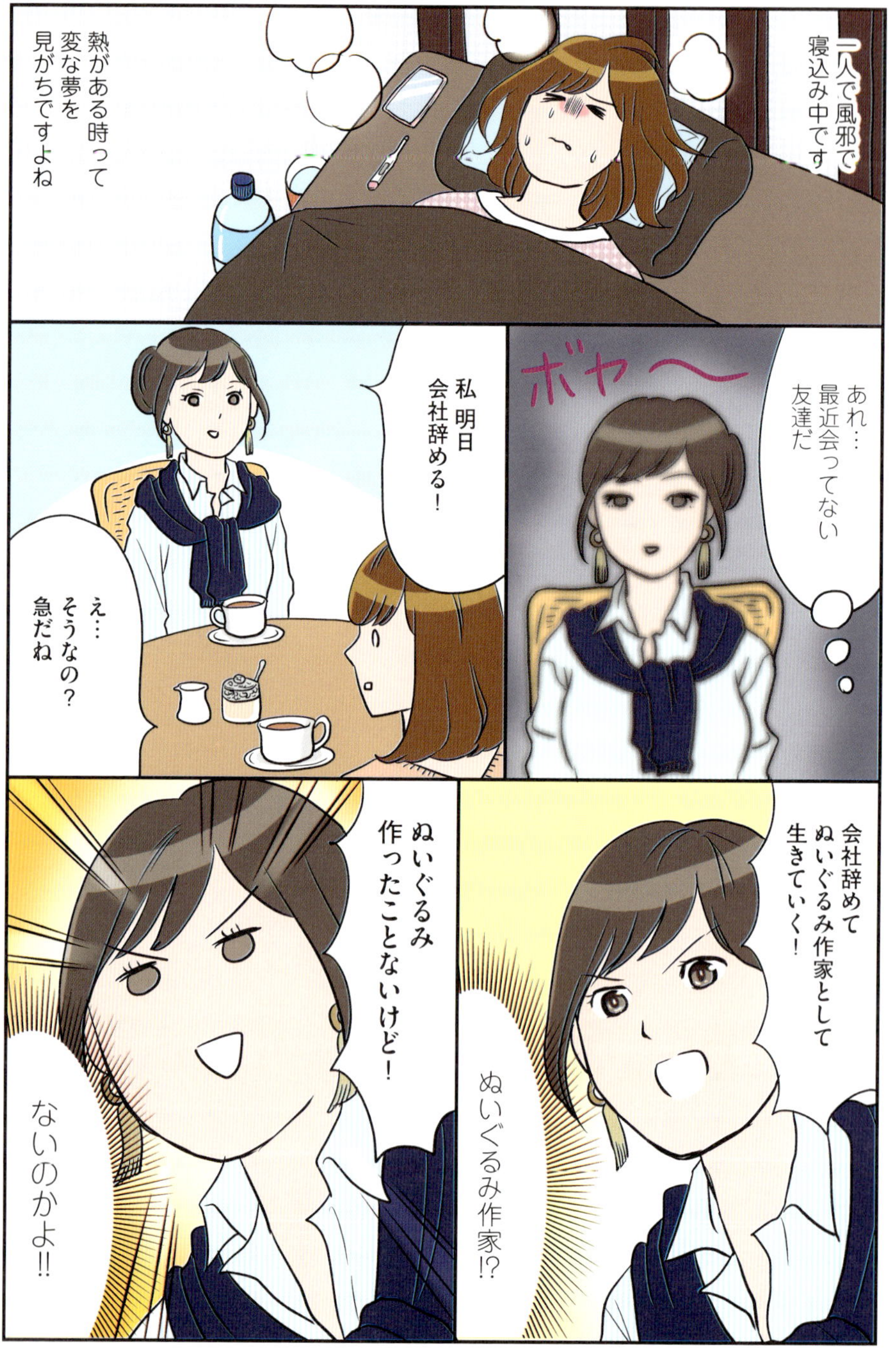
一人で風邪で寝込み中です
熱がある時って変な夢を見がちですよね
ボヤ〜
あれ…最近会ってない友達だ
私明日会社辞める!
え…そうなの?急だね
会社辞めてぬいぐるみ作家として生きていく!
ぬいぐるみ作家!?
ぬいぐるみ作ったことないけど!
ないのかよ!!

ちょ…
ちょっと待って
早まらない方が
会社は辞めずにまずは
休みの日にぬいぐるみを
作ってみたら？
独学より
習いに行った方が
いいかも
それでネットの
ハンドメイド作品を販売できる
マーケットサイトで売ってみるとか
ネットが苦手なら
ハンドメイドの
イベントとかもあるし…！
店舗に委託する方法もあるし
できればある程度
収入が安定してきてから
辞めることを考えた方がいいよ
ガバ
めっちゃ
疲れた…！
熱があるわりに
相当現実的な
アドバイスしてた…！
ゼー
ゼー
みなさんも会社を辞める時は
計画的に…じゃない
風邪には気をつけて！

大戸屋さんのトイレ

今日も今日とて
一人暮らしの味方
大戸屋さんへ
鶏と野菜の黒酢あん定食
（大好物）
TOILET
ウィーン
ウィーン
ガッ

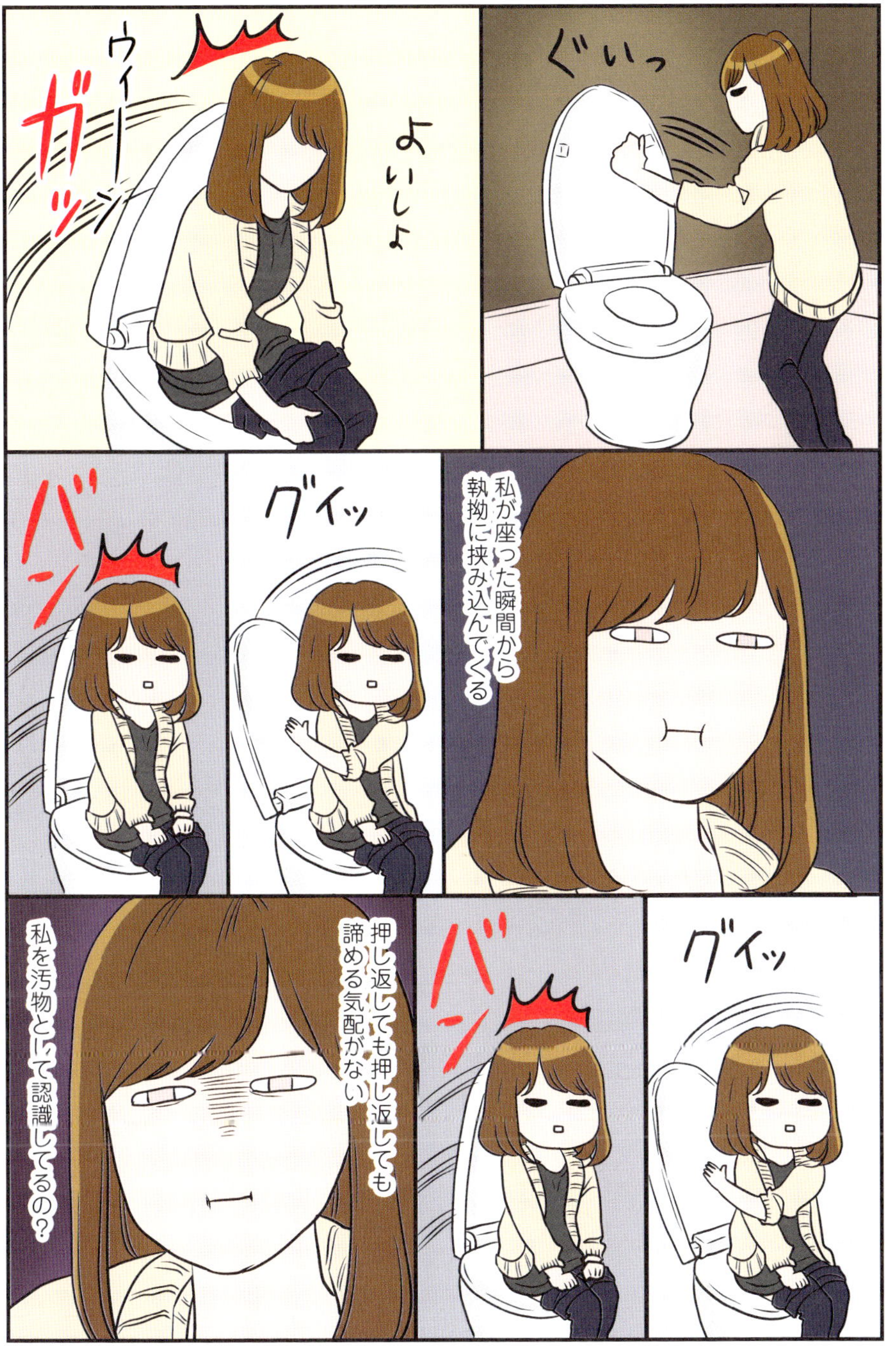
ぐいっ
よいしょ
ウィーン
ガッ
私が座った瞬間から執拗に挟み込んでくる
グイッ
バンッ
グイッ
バンッ
押し返しても押し返しても諦める気配がない
私を汚物として認識してるの？

大戸屋さんだけは
味方だと思ったのに…
自動ドアには逆に無視されがち

誰もが一度は経験する一人鍋あるある

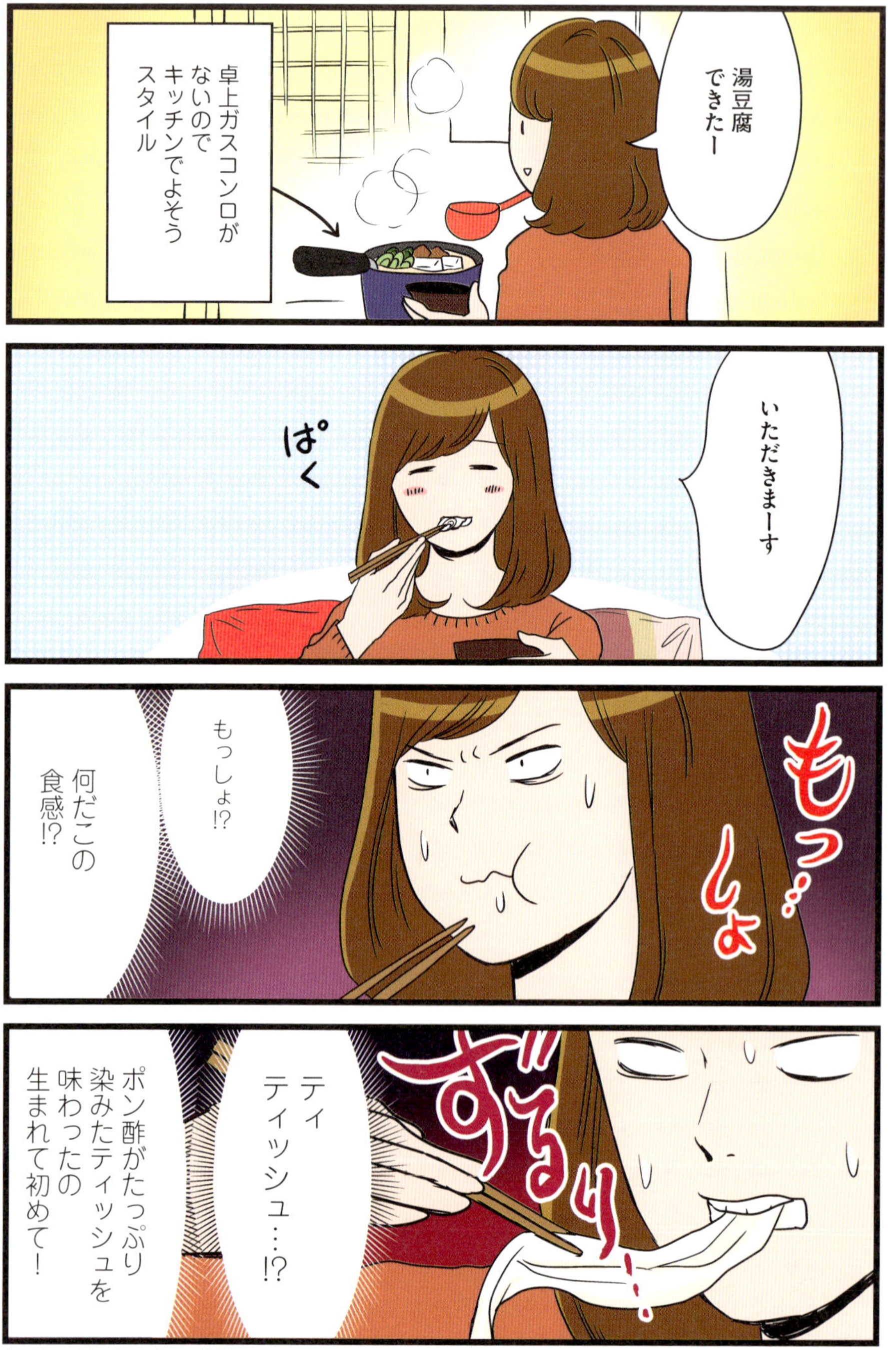

湯豆腐
できたー
卓上ガスコンロが
ないので
キッチンでよそう
スタイル
いただきまーす
ぱく
もっ…しょ
もっしょ!?
何だこの
食感!?
ずるり…
ティ
ティッシュ…!?
ポン酢がたっぷり
染みたティッシュを
味わったの
生まれて初めて！

あるあるじゃねーよって言うな!!
いや言うよね。ごめん。なんであるあるのていで
進めたのか自分でも分からない

誰もが一度は経験するジムあるある

でも切ないほどの貧乳なので
カーディガン羽織れば特に問題はなかった
逆に丸井で買い物して帰った

目覚め ぬか床編

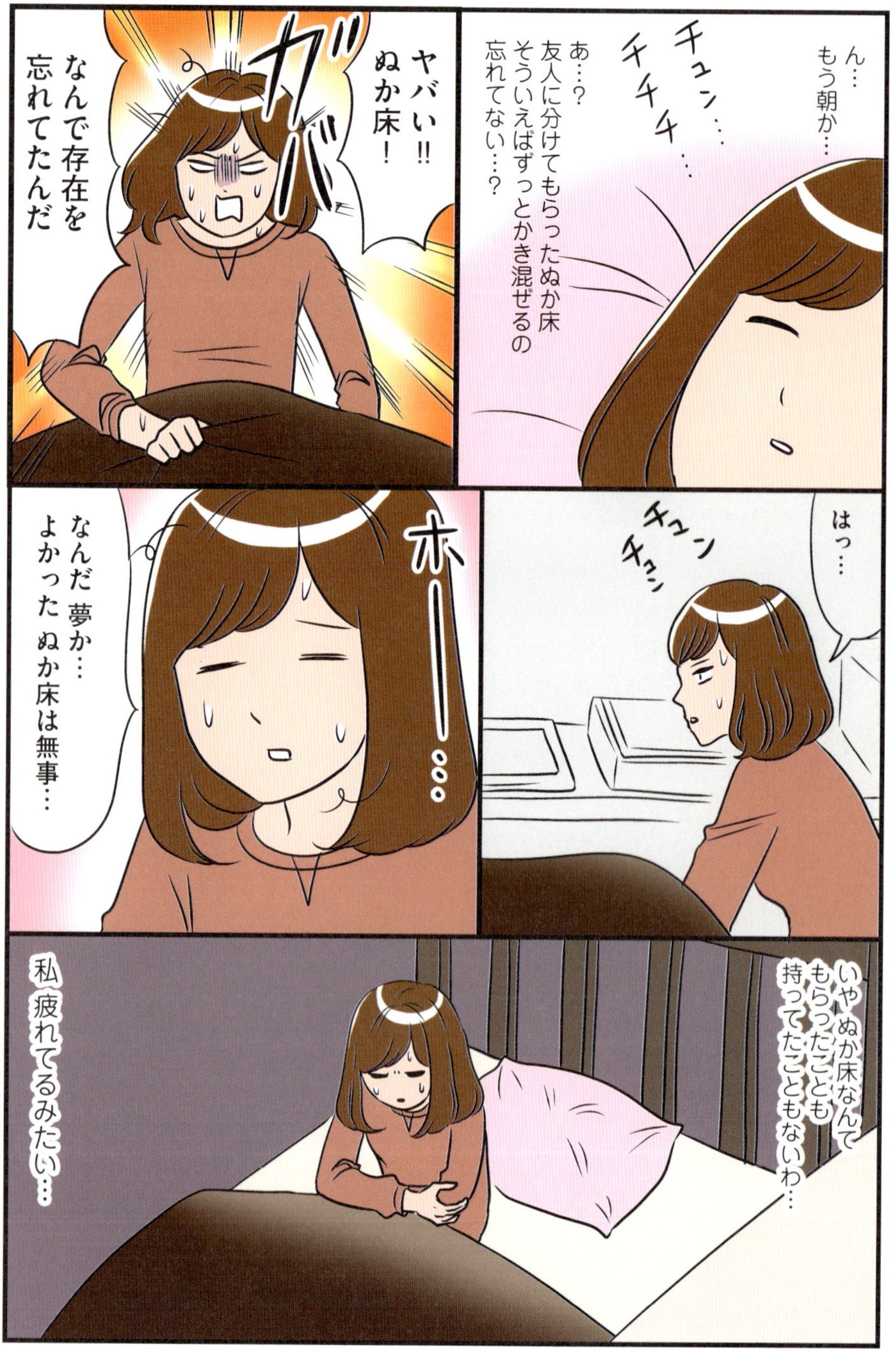

ん… もう朝か…
チュン…
チチチ…
あ…? 友人に分けてもらったぬか床 そういえばずっとかき混ぜるの 忘れてない…?
ガバ
ヤバい!! ぬか床!
なんで存在を 忘れてたんだ
チュン チュン
はっ…
ホー…
なんだ 夢か… よかった ぬか床は無事…
いやぬか床なんて もらったことも 持ってたこともないわ…
私 疲れてるみたい…

目覚め 遅刻編

チュン…
チチチ…
ん…？
この感じ…
ガバ
ヤバい!!
寝坊した!!
会社に遅刻する!!
今月の〆切
前倒しで!
あ…
ハアッ
ハアッ
ホー……
私もう
会社辞めたんだった
10年前に…

「学校遅刻する！」もいまだにやります…

ガスコンロ修理を頼んだ結果

ガスコンロの火がつきづらくなり修理の人に来てもらった
お願いしますー
ああ~これはもう修理じゃなくて取り替えの時期ですね~
そうなんですか
管理会社に取り替えの承認をしてもらうので少し時間がかかります
すいませんがそれまでガスコンロを使わないでくださいあぶないんで
分かりました
ありがとうございましたよろしくお願いしますー
バタン

寒くなってきたから鍋をしようと昨日買ってきた土鍋

一人暮らしで家に人も寄り付かないため
卓上コンロを持っておらず 鍋の時は
台所で火を通す→食卓に運ぶ
っていう鍋スタイルなんですよ

そして冷蔵庫の中には鍋の材料が
みっしり入っている。悲しみ…

……

疲れ目

クッション木村って誰
クッション木村
あ…なんだ「クッション材」か…
パッション屋良的な何かかと思った…
クッション材

サラダに胡麻ドレッシングをかけよう…
ガチャ
ボ~
つかれた…
フラ~
チンパンジーにもどうぞ!?
ごまドレ
チンパンジー
にもどうぞ
あ…バンバンジーか…
もうダメだ寝よう
ごまドレ
バンバンジー
にもどうぞ

先日の私

おぶぅ
ゴッ
カンカン
カンカン

通りがかりに聞こえてきた子供達の会話

知性が死んで感情だけが残ったんだ…
何の話してるの

なんとかギリギリ通れた

家の鍵をなくした小学生の頃の私のワンシーン
小窓

3章

ひとり遊びが板についてきた

今回の一人遊びの企画決定!

私は一人旅や一人映画祭 など一人きりで どっぷり楽しむことを 「一人遊び」と 呼んでいます
（くわしくは既刊 『ひとりぐらしも神レベル』に）
一人遊びをする時は 準備が大事 準備の中でもとりわけ 重要なのが企画！
ある日の仕事終わり
はー終わった～ 今週は土日も働いたから 来週平日に休みを入れよう
週末とくっつけて 旅行行っちゃう？ 台湾とか～？
台湾といえば以前旅行した時に 出会った女の子が
日本大好き！ また行きたい
って言ってたな
他にも海外で出会った人達が 日本に行きたいって 言ってくれた
台湾
こんなにみなさんが来たいって 言ってくれる国に住んでるのに 全然国内旅行ってしてないな…
よし今回は 国内にしよう！
みなさんは日本のどこに 行きたがってたっけ
東京！
もう一度 東京に…
東京が好き！
Tokyo

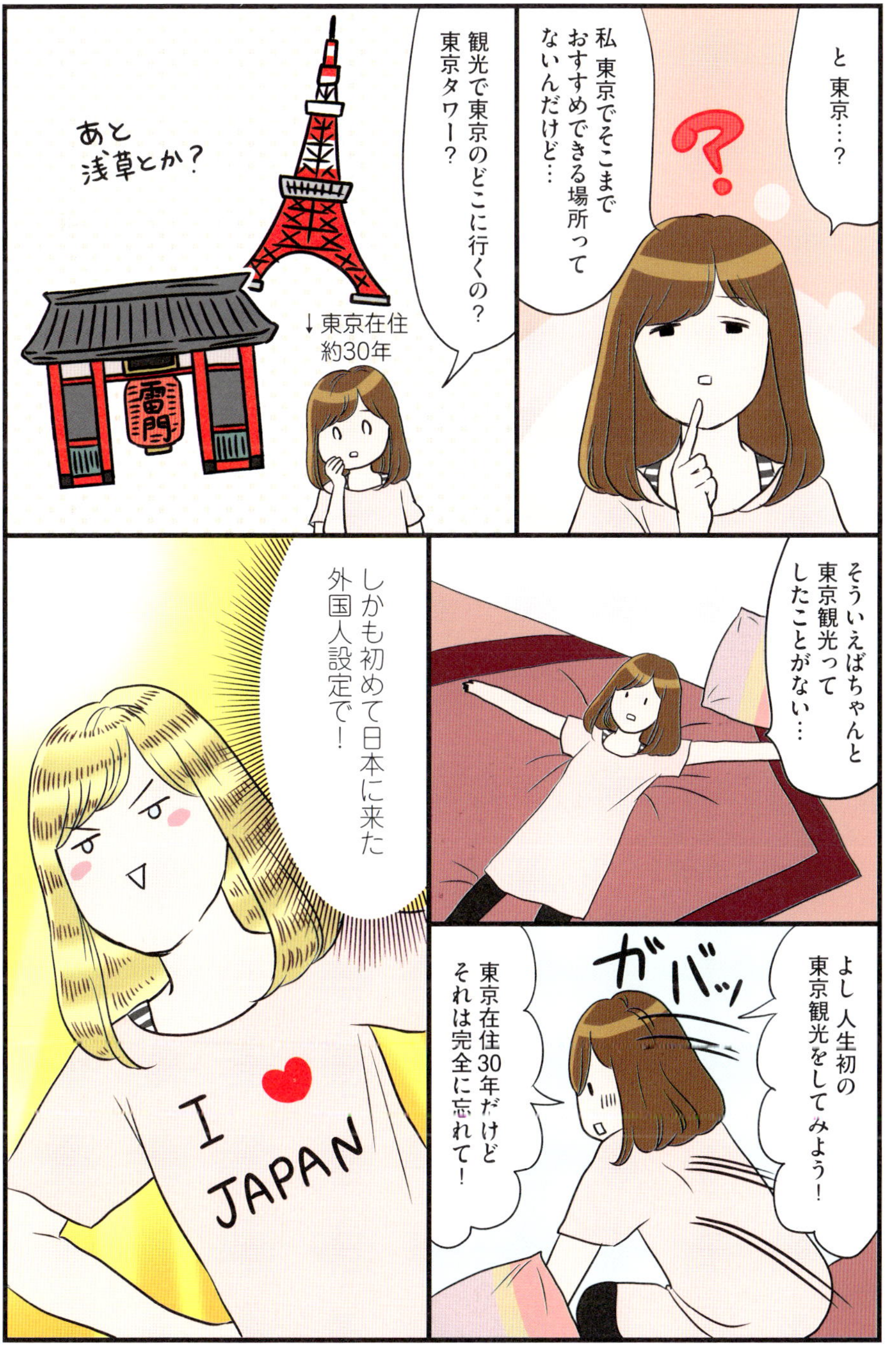
と 東京…？
私 東京でそこまで
おすすめできる場所って
ないんだけど…
観光で東京のどこに行くの？
東京タワー？
あと
浅草とか？
↓東京在住
約30年
雷門
そういえばちゃんと
東京観光って
したことがない…
ガバッ
よし 人生初の
東京観光をしてみよう！
東京在住30年だけど
それは完全に忘れて！
しかも初めて日本に来た
外国人設定で！
I ♥ JAPAN

Tokyoの人気観光地Top16

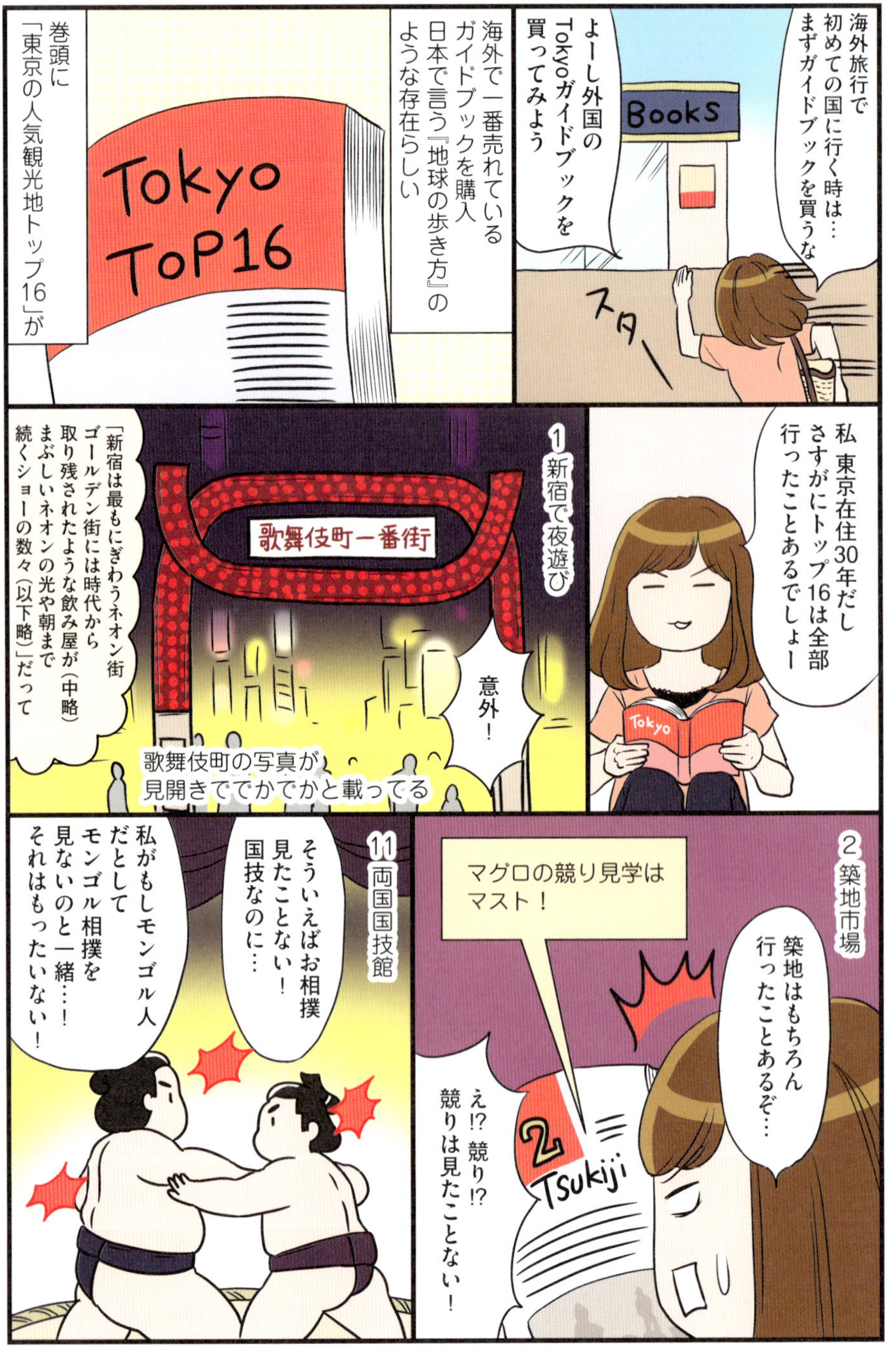

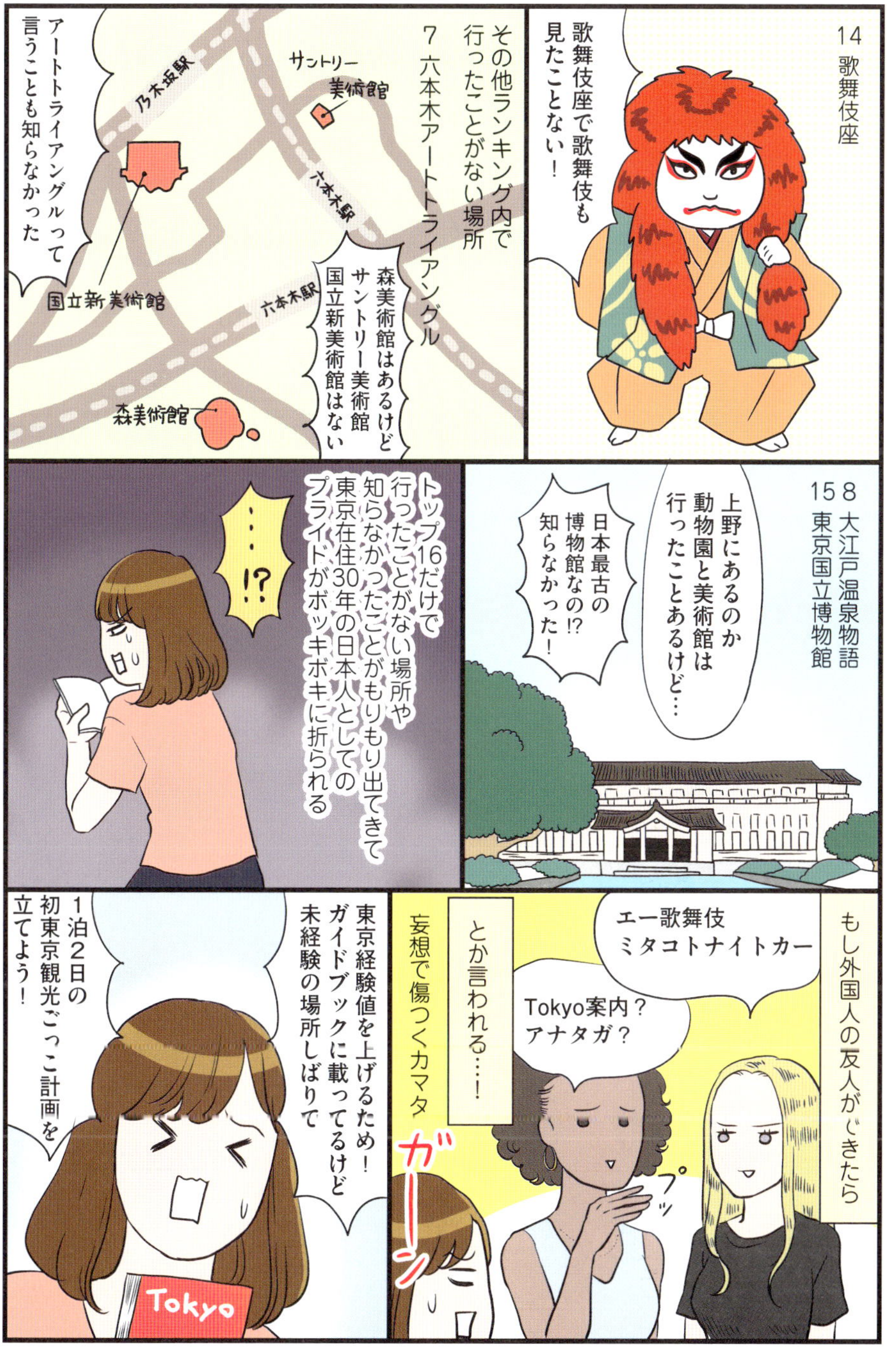
14 歌舞伎座
歌舞伎座で歌舞伎も見たことない！
その他ランキング内で行ったことがない場所
7 六本木アートトライアングル
サントリー美術館
乃木坂駅
六本木駅
六本木駅
森美術館はあるけど サントリー美術館 国立新美術館はない
国立新美術館
森美術館
アートトライアングルって言うことも知らなかった
8 大江戸温泉物語
15 東京国立博物館
上野にあるのか 動物園と美術館は行ったことあるけど…
日本最古の博物館なの⁉ 知らなかった！
トップ16だけで行ったことがない場所や知らなかったことがもりもり出てきて東京在住30年の日本人としてのプライドがボッキボキに折られる
…⁉
もし外国人の友人ができたら
エー歌舞伎ミタコトナイトカー
Tokyo案内？アナタガ？
プッ
とか言われる…！
妄想で傷つくカマタ
ガーン
東京経験値を上げるため！ガイドブックに載ってるけど未経験の場所しばりで
1泊2日の初東京観光ごっこ計画を立てよう！
Tokyo

Tokyoガイドブックの中身は…？

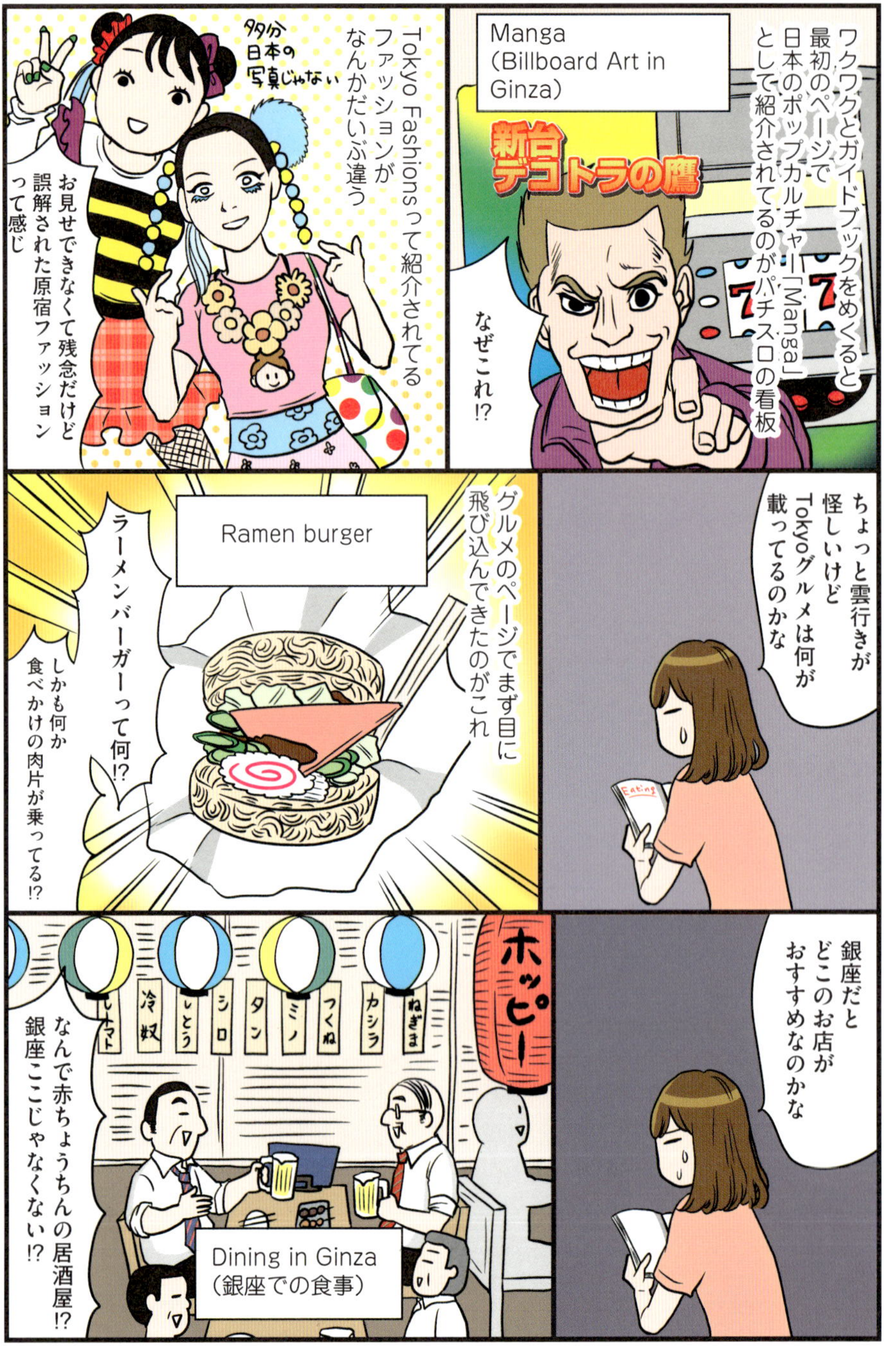

ワクワクとガイドブックをめくると最初のページで日本のポップカルチャー「Manga」として紹介されてるのがパチスロの看板
Manga (Billboard Art in Ginza)
新台 デコトラの鷹
なぜこれ!?
Tokyo Fashionsって紹介されてるファッションがなんかだいぶ違う
多分日本の写真じゃなぃ
お見せできなくて残念だけど誤解された原宿ファッションって感じ
ちょっと雲行きが怪しいけどTokyoグルメは何が載ってるのかな
グルメのページでまず目に飛び込んできたのがこれ
Ramen burger
ラーメンバーガーって何!?
しかも何か食べかけの肉片が乗ってる!?
銀座だとどこのお店がおすすめなのかな
ホッピー
ねぎま
カシラ
つくね
ミノ
タン
シロ
しとう
冷奴
トマト
なんで赤ちょうちんの居酒屋!? 銀座ここじゃなくない!?
Dining in Ginza (銀座での食事)

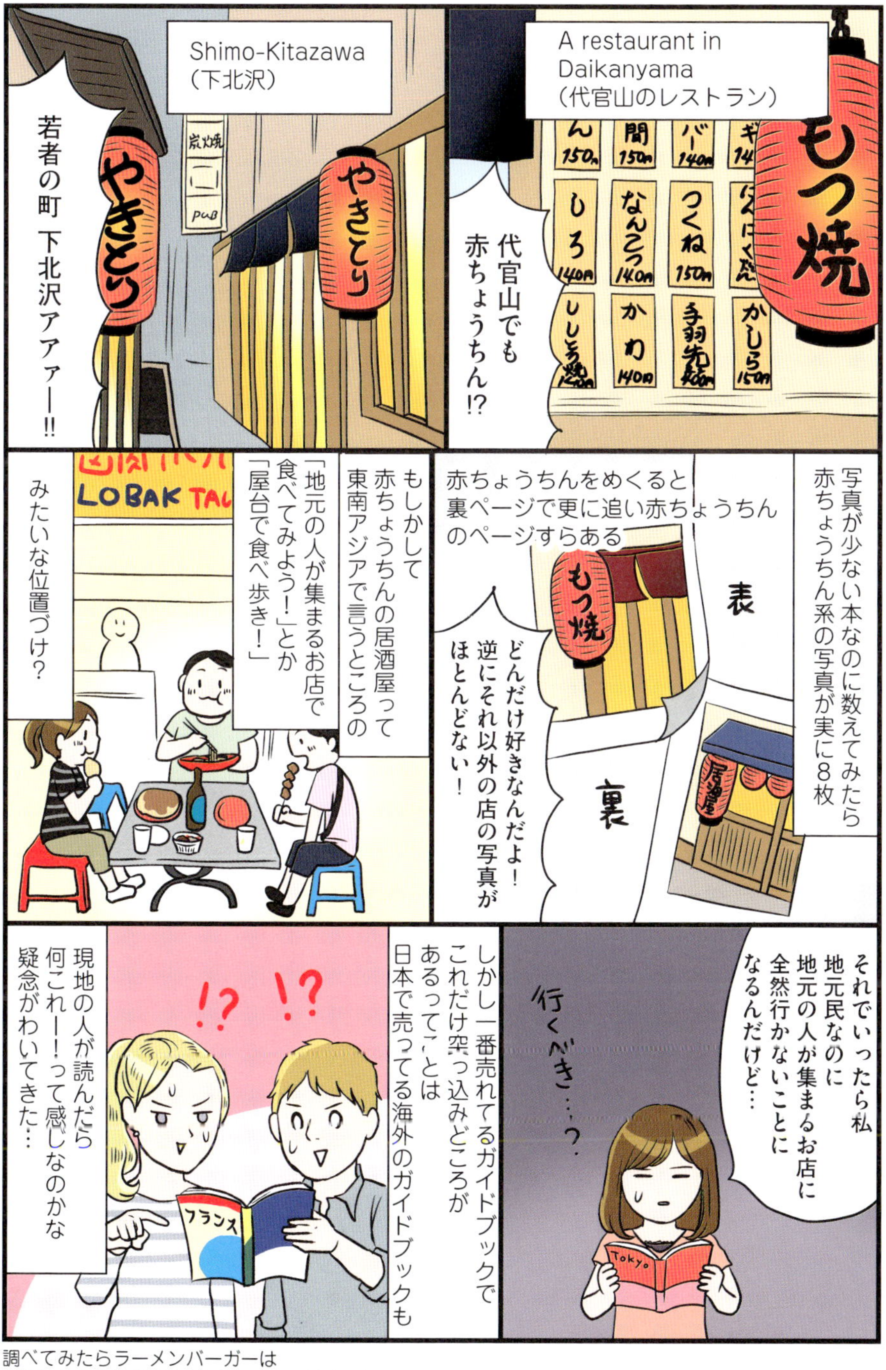

A restaurant in Daikanyama
(代官山のレストラン)
代官山でも赤ちょうちん!?
もつ焼
しろ 140円
なんこつ 140円
つくね 150円
かわ 140円
かしら 150円
手羽先
Shimo-Kitazawa
(下北沢)
若者の町 下北沢アァァー!!
やきとり
やきとり
炭火焼
PUB
写真が少ない本なのに数えてみたら赤ちょうちん系の写真が実に8枚
赤ちょうちんをめくると裏ページで更に追い赤ちょうちんのページすらある
表
裏
もつ焼
居酒屋
どんだけ好きなんだよ!
逆にそれ以外の店の写真がほとんどない!
もしかして赤ちょうちんの居酒屋って東南アジアで言うところの
「地元の人が集まるお店で食べてみよう!」とか「屋台で食べ歩き!」
みたいな位置づけ?
LOBAK
それでいったら私地元民なのに地元の人が集まるお店に全然行かないことになるんだけど…
行くべき…?
Tokyo
しかし一番売れてるガイドブックでこれだけ突っ込みどころがあるってことは日本で売ってる海外のガイドブックも
現地の人が読んだら何これー!って感じなのかな疑念がわいてきた…
!? !?
フランス

調べてみたらラーメンバーガーは
中野にあった「NY発」のお店ですでに閉店したらしい
NYではまだ食べられるかも?

妄想初東京観光！ まずは初歌舞伎座

今回の旅の行程はこんな感じ！
1日目
歌舞伎座
銀座（鳩居堂、木村屋）
六本木ヒルズ スカイデッキ
カプセルホテル泊
2日目
築地競り見学
築地場内で朝ご飯
築地場外
二階建て観光バス
山王祭
ガイドブックの中の未訪問の場所から行きたい所を選んだよ
予定外の場所も気になったら気ままに観光する予定
まずは初歌舞伎座！今まで私は
歌舞伎ってチケットが高いんでしょ？ それに長時間で疲れそう
…と思っていたのですが公演の一幕だけを見られる「一幕見席」というチケットがあることを今回初めて知りました
料金もなんと千円から！
え!?千円!?
来たぞー歌舞伎座！
見る予定の一幕のチケット発売は10時半から
1時間前から並んだ方がいいらしいけど平日だし大丈夫なのではー
ブーラ ブーラ
しかし平日45分前に到着で35人待ち！
一幕見席入口
最終的にチケット発売時間までに90人以上が並ぶ
は早く来てよかったー！
やはり外国人が多いなー
外国人
Excuse me
ここに載ってる人男性？
（英語）
一応音声ガイドも借りておくか
1幕って短いかと思ったら1時間45分もあるのか絶対寝ちゃうな
音声ガイド
この人男性なの？この人も？
この人も!? この人も!?
公演のチラシ
やっぱりびっくりするよねー

私が見たのは
『名月八幡祭』という演目
あらすじを現代に
置き換えると
だいたいこんな感じ
大人気ホステス
美代吉
自由奔放で
男を振り回す
新助は地方から
出張で来ていた
真面目で純朴な青年
美代吉にガチ惚れする
12年ぶりに深川八幡祭が開催されるが
ヒモ男に貢いでいる美代吉には金がない
衣装が買えない
困ったわ
明日の祭までに
必要な金は約1千万
すると新助
私はあなたを
愛しています……！
私と結婚しあなたの家に
住まわせてくれるなら
1千万をなんとか用意します！
美代吉は新助のガチさに
どん引きしつつも
いいよ～ アハハ
ヒモ男とも切れたしー
お金貸してくれるなら
養ってあげる
どうせ無理だろうし
本当ですね⁉
騙してませんよね？
ほんと
ほんとー
しかし新助が金を
工面している間に
別の客が美代吉に
1千万を届ける
社長からです
そこに金を持った
新助が…
お金はもういいよ！
ありがとね！
ヒモ男とも
ヨリを戻している
そんなー 私は急ぎだからと
実家も土地も二束三文で売り払って
この金を作ったのです！
もう帰るところもありません！
結婚し共働きして
実家の母はこの家に
呼べばよいと
思ったからこそ
決心したのに…‼
し新助
マジか…！
結婚なんて冗談に
決まってるでしょ
田舎の人にはうっかり
ものも言えやしないわー
美代吉 お前‼
現代バージョン
ここまで

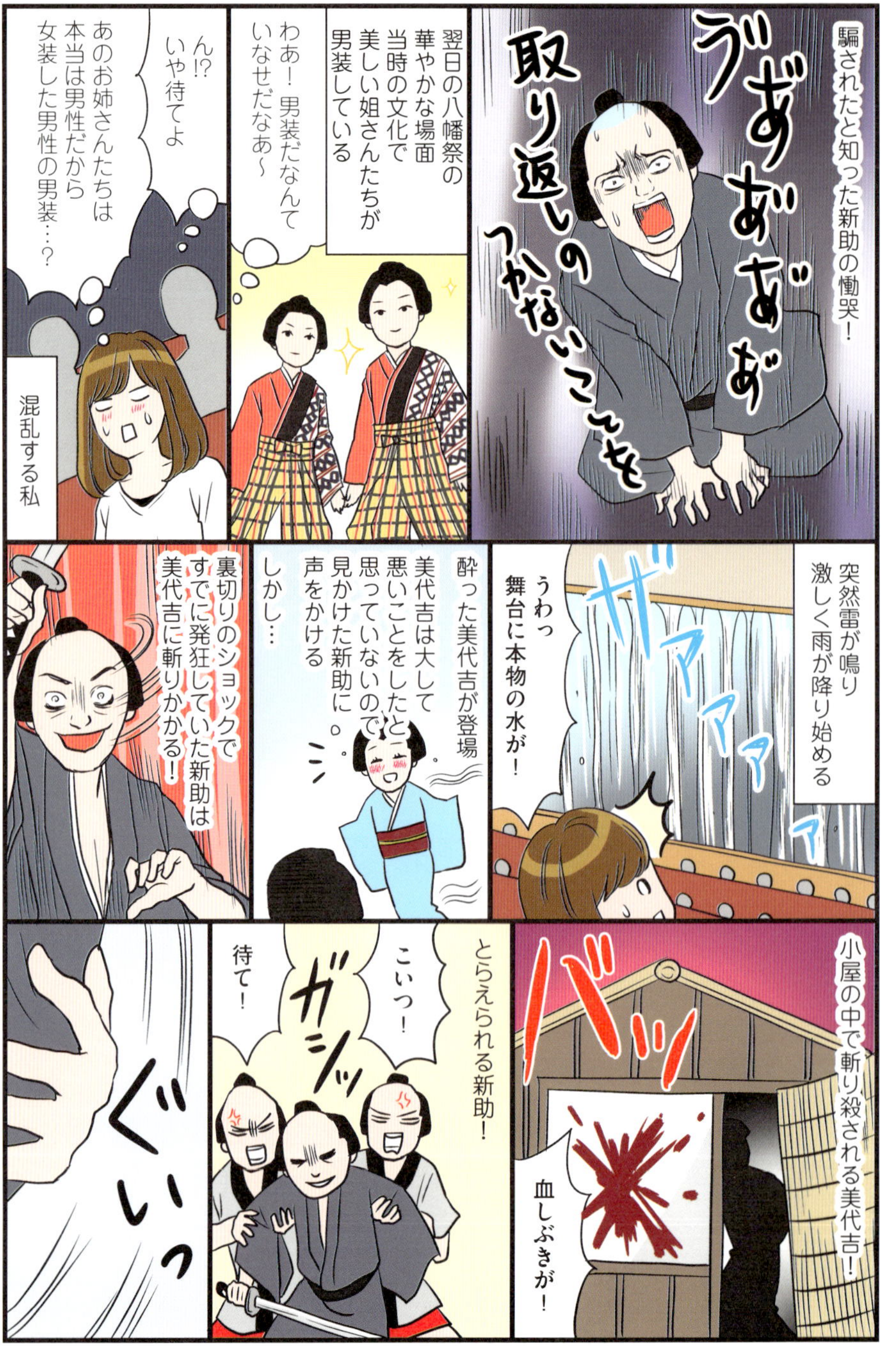
騙された知った新助の慟哭！
ゔあ゛あ゛あ゛
取り返しのつかないことを
翌日の八幡祭の華やかな場面 当時の文化で美しい姐さんたちが男装している
わあ！男装だなんていなせだなあ～
ん!? いや待てよ
あのお姉さんたちは本当は男性だから女装した男性の男装…？
混乱する私
突然雷が鳴り激しく雨が降り始める
ザァァァァァ
うわっ舞台に本物の水が！
酔った美代吉が登場 美代吉は大して悪いことをしたと思っていないので見かけた新助に声をかける
しかし…
裏切りのショックですでに発狂していた新助は美代吉に斬りかかる！
小屋の中で斬り殺される美代吉！
バッ
血しぶきが！
とらえられる新助！
こいつっ！
ガシッ
待て！
ぐいっ

ハッピ姿の男衆が新助を持ち上げてる
ワッショイされる新助！
ワーッショイ！
ワーッショイ！
なぜワッショイする!?
ワーッショイ！
なぜあおぐ!?
発狂した新助の高笑い！
ぐえへへへへへへ！
こ…怖っ
雨がやみ 祭りの後
誰もいなくなり静まりかえる舞台
今夜は十五夜
人の世でどんなに凄惨なことが起ころうと
変わらず美しく昇る満月――
『名月八幡祭』完

初めての歌舞伎鑑賞（一幕見席）ポイント

・一幕見席は普通のチケット売り場でなく
　正面玄関左に待つための席があり そこに並んで買う
・公演時間ではなくチケット発売時間の１時間前から
　並んだ方が確実
・１人で行くならトイレと飲み物の確保は終えてからがよい
・一幕見席のチケットは現金払いのみ
・１人１枚なので後から来るお連れは別になっちゃうよ
　全員で並ぼう
・チケットの番号順に入場、自由席なので席の保証はない
・イヤフォンガイドはマストだと思う。ストーリーだけでなく
　その時代の風俗や作品のトリビアも教えてもらえる
・一幕見席は一番遠い席なのでオペラグラスがあるとよい。
　なくても見えるけど

結構面白かった…
全然寝るとこなかった…
『名月八幡祭』は江戸時代に実際に起こった殺人事件が元になっている
ボー〜
フラ〜

老舗木村屋と老舗鳩居堂の…

この銀座で超有名しかも安いのに食べたことがないものをガイドブックの中で発見!
それは!銀座木村屋のあんぱん!
コンビニのキムラヤのは食べたことあるけど木村屋店舗のは未経験
一番有名な酒種桜あんぱんは明治天皇にも献上されたもの
酒種桜あんぱんください
酒種とは…イーストとは違い米と麹と水から作られた発酵種で日本独特の酵母らしい
今すぐ食べたいけどここは銀座の街中一人あんぱんできる場所は見つからず
今のところは我慢してやる…
そして次も老舗の1663年創業の文具店「鳩居堂」
TOKYO KYUKYODO
……の前の土地!!
32年連続で土地の価格日本一!1平方メートル4032万円!(2017年)
こっから!ここくらいまでで!4032万!
この!この!4032万野郎!
ギリィ…
ふみ…
ふみ…
ふみ…
1平方メートル分でマンション買えるわ!老後も安泰だよ!
フー満足した
さてここ銀座はショッピングの街…
でももう特に用はないので次!

知らなかった！ 初六本木ヒルズスカイデッキ

初めての旅行先では高いところから全体を眺めたくなりがちだがこの時 東京タワーの特別展望台は工事で閉鎖中だった
東京に住んでるとわざわざお金出して登らないから行ってみたかったのにな
スカイツリーは登ったことあるし他に東京を見渡せるのは…
しょん…
東京旅行の計画中
TOKYO
TOKYO
六本木ヒルズの展望台スカイデッキは海抜２３８ｍ
東京タワーの特別展望台は２５０ｍか
TOKYO
どちらも地上からの高さはほとんど変わらないのにスカイデッキは外に出られるのかー！
すごい！怖いけど行ってみたい！
ていうか全然知らなかったんだけど東京住みには常識なの？
六本木ヒルズスカイデッキ
東京タワー特別展望台
屋内展望台のスカイビューのチケットは１８００円更に５００円を支払うとスカイデッキに上がれるのだ
ドキドキ
果たして合計２３００円の価値はあるのか…？
カンカンカン
うわ――

屋内と全然違う！臨場感が！
ガラス越し しかも展望台の分厚いガラスを通して見ると「画面の向こうの別世界」な感じがぬぐえないのですが
直接見ると今立ってる自分の足元とあっちの景色がちゃんと地続きなのが実感できるっていうか
あの東京タワーを吹き抜けた風が自分にもそのまま吹きつけるイメージ
副都心の方はこんな感じ
なんかあやしい！突如現れた蜃気楼の街っぽい
私 今まで登った展望台の中で一番好きかもしれない…！
ドキドキ
450mのスカイツリー展望回廊より感動した…！夜景も見に来たい！
気づいたら1時間以上ぼーっとしていた
スカイデッキのポイント
・ご想像通り風がめっちゃ強いので
上着を持っていこう
一日中そこに立ってる警備員さん
過酷すぎない!?
・冬は寒すぎるかも　夏も熱射病に注意
・荷物は事前に預ける仕組みなので携帯とカメラしか持っていけないよ
・トイレと水分摂取を済ませてから行こう
・恋人の聖地とか書いてあるけど
気にしないように！！！！
Lover's Sanctuary
恋人の聖地
一人で来てわりーか
ギリィ…
ペッ

初カプセルホテル

今日の宿は
人生初カプセルホテル！
海外にはないらしい
知らなかった！
日本は土地が
狭いせい？
TOKYO
てくてく
ガイドブックには
「宇宙船みたい」って
超ポジティブに書かれてるけど
この辺だと思うんだけど…
あのモスクみたいな
建物はなんだろう…
あった！
意外に可愛い外観！
FIRST CABIN
私が泊まるのは女性専用フロア
LADIES
TOUCH!
エレベーターのボタンは
チェックイン時にもらったカードを
かざさないと押せず
更にフロアの入口でも
LADIES
TOUCH!
2重のセキュリティになってる
部屋はこんな感じ
部屋っていうか囲いがあるベッド！
狭い！でも思ったよりずっと綺麗
法律的にカプセルは
家具扱いとなり
鍵はかけられない
家具扱いなのか〜！
「囲いがあるベッド」で
合ってた
でも大きな
セキュリティボックスがあり
全ての荷物を入れられた
TOKYO

共用スペースも綺麗
メイク落とし洗顔料などは全部資生堂
部屋の狭さはこのくらい伝わるかな？
なんか押入れを秘密基地にして遊んだ時の気持ちが沸き上がってノスタルジーを感じる
そして私が泊まった築地の「ファーストキャビン」にはなんと大浴場がある！大浴場大好き！
カプセルホテルってシャワーしかないのかと思ってた！
さて夜のおやつに昼間買ったあんぱんを食べるよ！
思ったより小さい！
コンビニのキムラヤのパンはふわふわだけど生地が全然違って歯ごたえがあってほんのり甘い
あんも好みの味だけどこの桜の塩漬けの妙な美味しさは何？
もっもっ
明日はなんと深夜2時起きなので早めに就寝！
プヒ～
薄目開きがち
初カプセルホテルポイント
・パジャマがこんな感じでちょっと涼しげ
寒がりの人はインナーかパジャマを
・壁は薄く衣ずれの音などがずっと聞こえてる感じ
音が気になる人にはおすすめしない
・隣の隣の人のいびきがかすかに聞こえてた
隣だったらきつかったかも
・鍵がかからないってセキュリティ的にどうなの？と思ったけど
フロア自体に鍵がかかる感じでセキュリティボックスもある
・私が泊まった日は１泊４千円くらい
日によって３千円台の時もある
その日その場所近辺で安いビジネスホテルも探したけど
最安値でも倍くらい、平均は１万円程だったので
「寝るだけ」「予算を抑えたい」
「狭いのと物音が気にならない」人にはおすすめ
フロントで耳せんを借りられる
ヘッドホンも

初築地競り見学

2日目は早朝から築地で競り見学！
競り自体も見たいけど
なぜランキングの2位になるほど
外国人に人気なのかが気になったのだ
東京在住の一般の人で見たことある人っているんだろうか…
AM 2:30
朝4時から受け付けだけど1時間前に行けば余裕でしょ
完全に深夜なんだけどほんとに人いるの？一番乗りになったらどうしよう
しかし2時45分の時点で30人くらい待っている！
ま…まじか！
全員外国人だった
今日普通の平日だしもしかして毎日こうなの？
毎日外国の人達は深夜に日本のこの場所で行列を作ってたの…？私達がスヤスヤ寝てる時に…？
列が動き始めた！
見学者はあのベストを着るのか
Good Morning!
受付の人
ぐ…ぐっもーにん！
……

とっさに外国人のふりをしてしまった…！
この狭いスペースにびっちり100人くらいが詰まってるけど私以外は全員外国人…
飛び交う各国の言葉…
ここどこ…私なんでこんな時間にここにいるの…？
地元なのにとてつもないアウェイ感
午前4時
異様にお腹がすいて昨日3つも買ったあんぱんの残りを食べる
3つなんて多すぎるかと思ったけど昨日の私ナイスプレイ！欲望におぼれてよかった！
アウェイ感のせいで消耗したのだろうか
4時半までに定員の120人にほぼ達する
そのマグロの競りに対する情熱なんなの⁉
市場の人が出てきた競りについて説明してくれるらしい
Good morning!
Welcome to Tsukiji Market!
英語――――！

ちょくちょく笑いが起きるのに私だけ分からない!
どっ
悔しくて笑いが起きたフレーズを翻訳してみたら
英語
日本語
韓国語
「まあマグロはイカが嫌いでしょうけどね」
どんな話のオチだったのこれ!?
みなさん競りの内容に興味があるというよりは活気があって独特な空気を感じに来てるのかな
ここから質問タイムです
ばっ
さっきマグロを見た目で選ぶとおっしゃってましたがよいマグロの見た目とは?
冷凍マグロはどのくらい持つのですか?
ばっ
ばっ
競り落とされたマグロの最高額記録は?
みんなめちゃくちゃ興味ある!
質問時間が過ぎてもガンガンに手が上がるので延長に
ワーワー
なんでそんなにツナ・オークションに興味あるの…!?

多分私の聞き取りが間違ってる

そして5時15分いよいよ見学へ!
アーユーレディ!?
YEAHHHHH!
HOOOOOOO!!
築地では毎日早朝にこんなノリになってたの…?
マグロやっぱりでっかいなー
静かで緊張感があって厳かですらある空気
競りが始まると威勢のいい声が響く!
テンション上がる〜! 全然何言ってるのか分からないけど
終わりました
いつ競り落とされたのかも分からないけど!
活気と緊張感が同居する競りと謎のアウェイ感が面白かったけどなんでこんなに外国人の心を掴むのかは結局分からなかった
海外でオークションが行われてたら見たいけど朝3時から並ぶガッツはないな
初築地の競り見学ポイント
・平日でも3時くらいまでに並んだ方が確実
・飲み物と暇がつぶせるものと
競りの場は寒いので防寒具を持っていこう
・あとなんか妙にお腹がすくから食べ物も!
(私だけかもしれないけど)
・狭いので必然的に体育ずわりになり
私はお尻が痛くなったので
何か敷けるものがあったらよいと思う
・日本だけど英語が分かった方がいい
・市場がお休みの日もあるので
HPで調べてから行こう

初築地場内と初築地卵焼き

場内は市場で働いている人達も食事をする場所
寿司だけでなくカレーや洋食牛丼などいろんなお店がある
珈琲の店 愛養
センリ軒
昭和の頃から変わってなさそうな渋い喫茶店に心惹かれたよ
キュン…
スキ…
朝6時前だというのに一番人気の「大和寿司」はこんな行列
海外サイトで「人気店に数時間並ぶのが嫌ならこの店がおすすめ」と紹介されていた「鮨文」へ
鮨文
握りはお任せ(10貫)と特上寿司(8貫)の2つだったので特上寿司を
ネタは日替わり
ネギトロ
イカ
マグロ
アジ
ホタテ
スズキ
中トロ
イクラ
タコ
あと玉子焼
ネタが全部大きい!
朝からこんな贅沢していいのかな～
さすが美味しい～!! 並んでないお店でも美味しいじゃん!
ふるふるふる…
ん?
お隣の外国人がお寿司を2貫ずつつかんでしょう油もつけずに食べてる
ひょいっ
もっもっ
しょう油知らないのかな?
もっしゃもっしゃ
いや朝6時から場内にお寿司を食べに来る人がしょう油を知らないってことある? 嫌いなだけじゃない?

いやでも一応声かけてみる…？
しょう油って英語で
ソイソースだっけ
もん
もん
もん
ソイソースが嫌いなのか
聞いたらどうかな
なんて聞けば…
しかしもんもんとしている間に
次に出てきた刺身には
しょう油をつけて食べていた
箸も使えてる
もぐー
しょう油は嫌いじゃないけど
寿司にはつけない派!?
予想外
こういう時もんもんとせずに
さらっと声を
かけられる人になりたい…
しょん…
しょう油を
つけると
いいですよ
寿司には
つけない派
なんだー
なんだそっかー
場内には食べ物屋さん以外にも
いろんなお店があるよ
魚に特化した
ストイックなTシャツが並ぶ店
満足したので場外へ
築地で「卵焼き」も
有名だけど
食べたことがないな
お寿司に乗ってる
卵ってことでしょ？
そんなに好きじゃないけど
一応買ってみるか
築地 山長
甘くて柔らかくて
だしがじゅわっと…
美味しい！
山長(やまちょう)
卵焼き
結局食べ比べまで
してみた
どっちも
美味しかったけど
松露の方が私は
好みだったかな
あんまり甘くない方が
好きな人は山長の
「甘さ控えめ」
「大根おろしのせ」が
おすすめ
松露(しょうろ)の
卵焼き

寄り道波除神社

築地市場のすぐ近くに神社があったので寄ってみた
その昔海の埋め立て工事が荒波で難航していた時に波風を鎮めてくださったという稲荷大神の御神体が祀られている神社とのこと
パンパン！・
私の人生の波も除けてくださいなんてー！
おみくじも引いてみたところ…
第二十五番
波
人生には大きな波が必ずあります
出来ることをせず 出来ないことを望んでいてはどんな波にも乗れません 荒波に
波!?
ちなみに以前他の神社で引いた同じシリーズのおみくじがこちら漢字1文字が必ず書かれているらしい
第三十七番
信
人生をより良くしようと思うならどんなことがあろうとも約束を守ることだ それがどんな些細な
たまたま波除神社で「波」が出たってこと!? なんか怖っ
しかも「人生の波を除けてください！」ってお願いしたら「人生には大きな波が必ずあります」って出た…完全に怒られてるこれ…
すすいません楽しようとせずに自力で頑張ります
波除神社の境内には築地らしい塚がたくさん並んでいるよ
すし塚
海老塚
鮟鱇(あんこう)塚
活魚塚
玉子塚
昆布塚
神社のHPによるとそれぞれ寿司(に使う魚)海老 あんこう 活魚 卵 昆布を供養するための塚らしい
待って 昆布の供養!?

波除神社のおみくじだけ波関係の内容にしてあるの？誰か引いてみてほしい！

知らなかった！ 初築地本願寺

ガイドブックによるとこの辺に大きなお寺もあるらしい
東山
築地本願寺って聞いたことある！行ってみよう
ここ!? 昨日の謎のモスクじゃねーか！これ寺なの!?
えー有名だけどこんな変わったお寺だなんて知らなかった…
本堂の入口はブルーの扉にステンドグラス！
中に入るとシャンデリア！
なぜかパイプオルガン！
それからいたるところに動物や伝説上の生き物の彫刻が
孔雀
猿
獅子
牛
馬
鳳凰

象
グロテスク
グロテスク⁉
築地本願寺に住む動物たち
グロテスクって種の名前⁉
普通に悪口じゃない⁉
ちゃんと案内板にも「グロテスク」って書いてある
ほんとに変わったお寺だなあ～
ん？
なんだか神々しい光の中に貼り紙が…
な…何を⁉
心の清い人には見える何かがここにあるの⁉
じゃあ見えないやごめん
ご自由にお持ち帰りください
築地本願寺
古代インド、西洋、イスラム、日本などの様式が融合した個性的で独特な寺院。妖怪好きの建築家・伊東忠太によって、様々な伝説上の生き物や動物の彫刻が設置された。
横から見たらこんな感じ
屋根や扉の色がキレイ…
ちなみにグロテスクは横から見ると口から手すりが出てるよ
えづきながらも手すりを吐きだしてくれてるんだろうか
……
手すり

後で調べたら「グロテスク」は奇怪な生物の彫刻をあしらった中世ヨーロッパの美術様式のことだって！
現在の「グロテスク」って言葉の語源らしいよ！

初屋根のない二階建て観光バス

次は時々街で見かける
屋根のない二階建てバス
「スカイバス」に乗ってみた！
SKY BUS TOKYO
こんにちは！本日ご一緒
させていただきます…
バスガイドさんいるんだ！
私が乗ったのは
皇居・銀座・丸の内コース
よく歩く銀座の街を
この高さから見下ろすの不思議だなあ
高架下もかなりのギリギリでスリル！
みなさま千鳥ヶ淵の
名前の由来を
ご存じですか？
上から見ると千鳥の形を
しているからなんですよ
え 何それ
知らない
へ～
半蔵門の名前の由来は
ご存知ですか？
服部半蔵が門番を
していたからなんです
それも知らない
『ハットリくん』
の？

東京消防庁本部庁舎の高さは何メートルでしょうか
消防車を呼ぶ電話番号と同じ119メートル!
へえええええ!
では次 〜〜の由来は〜〜
バスガイドさんが東京トリビアをどんどん話してくれるけど私一つも知らない…
観光で来た外国人がこのバスに二回乗ったら私より東京に詳しくなってしまう…!
最高裁判所はなぜ石張りなんでしょうか?
もちろん知らない
正解は「固い意志で罪を裁く」という意味が込められていると言われています!
キリィッ
ほんと? それはお姉さんが作ったやつでない?
今回の旅で薄々気づき始めたけど…
1
スカイバス
私 東京に関して知らないことの方が多いな!

後でネットで調べても出てこなかったんだけど… お姉さん信じていいの…?

知らなかった！ 初江戸三大祭り＆初一人祭り

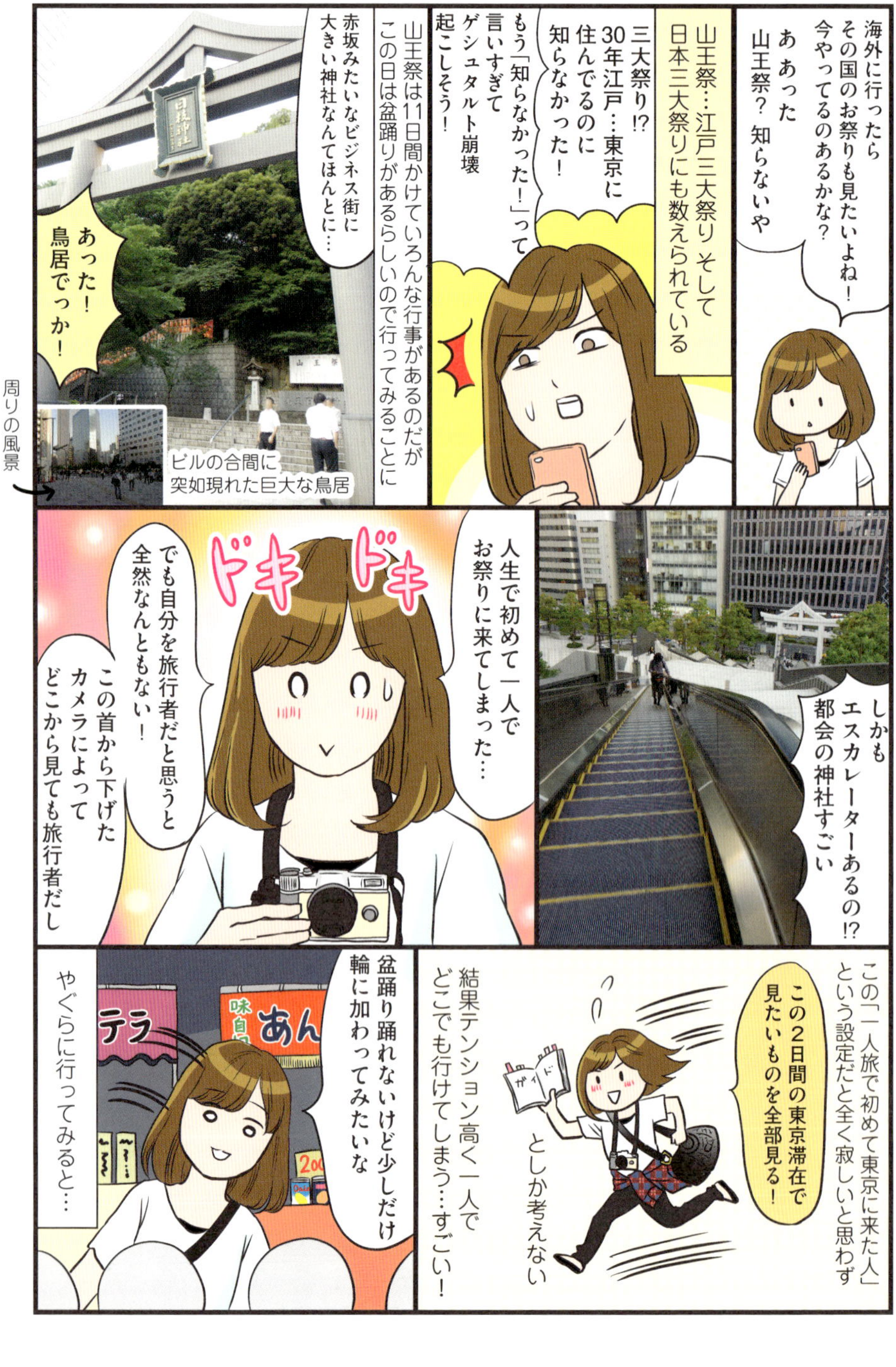

海外に行ったら
その国のお祭りも見たいよね！
今やってるのあるかな？
ああった
山王祭？ 知らないや
山王祭…江戸三大祭りそして日本三大祭りにも数えられている
三大祭り!? 30年江戸…東京に住んでるのに知らなかった！
もう「知らなかった！」って言いすぎてゲシュタルト崩壊起こしそう！
山王祭は11日間かけていろんな行事があるのだがこの日は盆踊りがあるらしいので行ってみることに
赤坂みたいなビジネス街に大きい神社なんてほんとに…
あった！鳥居でっか！
日枝神社
ビルの合間に突如現れた巨大な鳥居
周りの風景
しかもエスカレーターあるの!? 都会の神社すごい
人生で初めて一人でお祭りに来てしまった…
ドキドキ
でも自分を旅行者だと思うと全然なんともない！
この首から下げたカメラによってどこから見ても旅行者だし
この「一人旅で初めて東京に来た人」という設定だと全く寂しいと思わず
この2日間の東京滞在で見たいものを全部見る！
としか考えない
ガイド
結果テンション高く一人でどこでも行けてしまう…すごい！
盆踊り踊れないけど少しだけ輪に加わってみたいな
テラ
あん
やぐらに行ってみると…

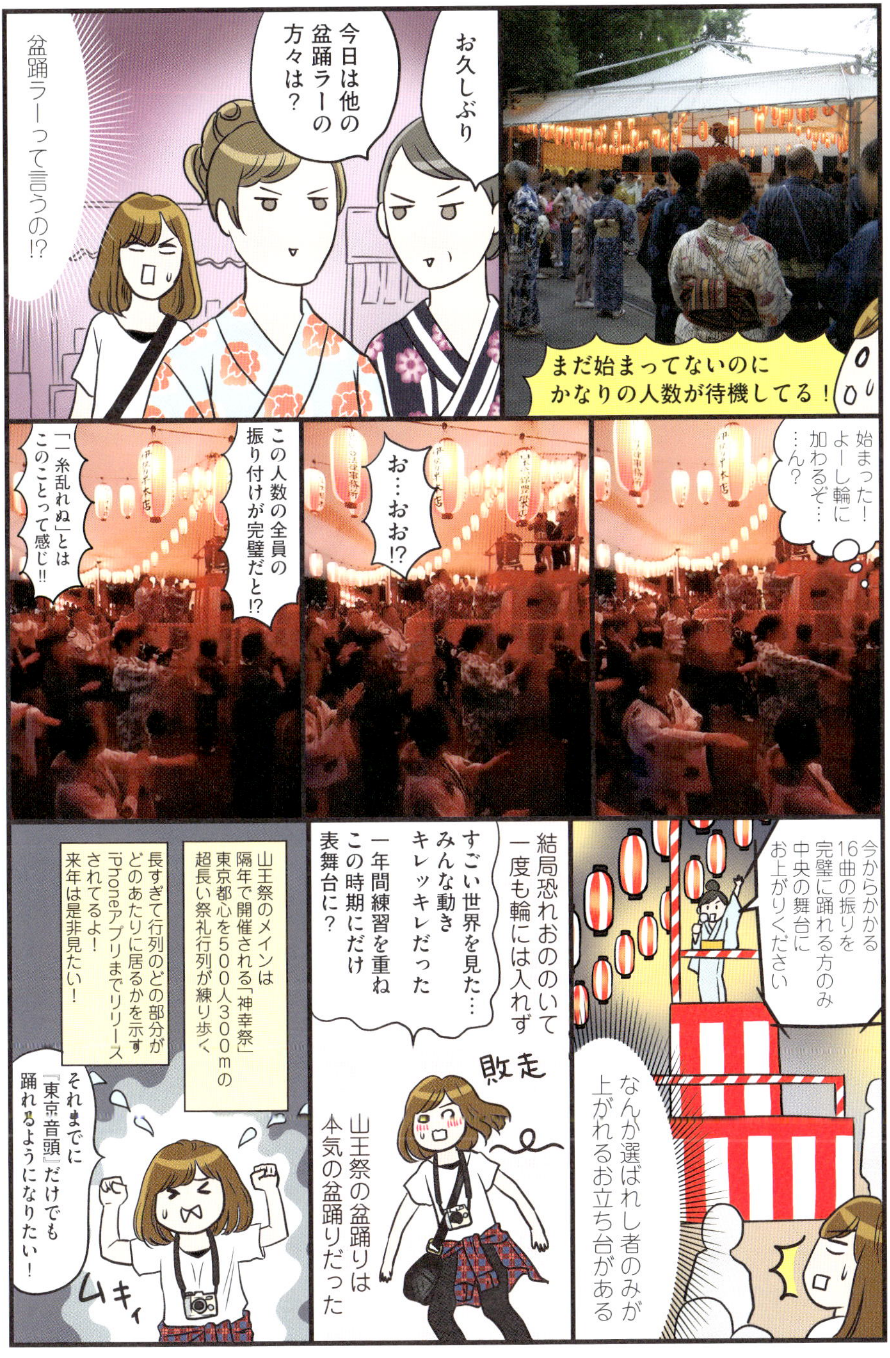
まだ始まってないのに
かなりの人数が待機してる！
お久しぶり
今日は他の盆踊ラーの方々は？
盆踊ラーって言うの!?
始まった！よーし輪に加わるぞ……ん？
お…おお!?
この人数の全員の振り付けが完璧だと!?
「一糸乱れぬ」とはこのことって感じ!!
今からかかる16曲の振りを完璧に踊れる方のみ中央の舞台にお上がりください
なんか選ばれし者のみ上がれるお立ち台がある
結局恐れおののいて一度も輪には入れず
すごい世界を見た…みんな動きキレッキレだった
一年間練習を重ねこの時期にだけ表舞台に？
敗走
山王祭の盆踊りは本気の盆踊りだった
山王祭のメインは隔年で開催される「神幸祭」東京都心を500人300mの超長い祭礼行列が練り歩く
長すぎて行列のどの部分がどのあたりに居るかを示すiPhoneアプリまでリリースされてるよ！来年は是非見たい！
それまでに『東京音頭』だけでも踊れるようになりたい！
ムキィ

観光客になりきって「初東京観光ごっこ」まとめ

2日間でこんなにいろんな初体験ができてしまった
ホックホク
TOKYO
遠くに行かなくても身近に初めてのことってたくさんあるんだなぁ30年住んでる場所でも
住んでりゃその土地のことって自然に知っていくものだと思ってたけど
打ち合わせー
私の普段の行動範囲だいたいパターン化してる…
飲みー
家
買い物ー
積極的に知ろうとして行動しないとなかなか分からないんだな
また「自分は旅行者」って思い込んでガイドブックを読んでから出かけると初めての場所はちゃんと「旅行先」に見えてくるのが面白かった
近いのにちゃんと旅行気分！
ステンドグラスと黒い袈裟のお坊さんの組み合わせ不思議…
それにその思い込みによってどこに行ってもわりと一人でも平気に感じる
首から下げたカメラで旅行者に見えるので人の目もあまり気にならない
かなり楽しかったので東京在住の方に限らず「初めてここに来た海外旅行者設定で地元を旅する」おすすめです是非ガイドブックを買うところから！
案内するよ！
I ♥ TOKYO
遠くから友達が来た時なんかに案内できるようになるし！
TOP 16
まだまだ行ったことがない場所があるのでまた初東京観光ごっこやりたい！

つい擬人化一人遊びをしてしまう

お前もガーリックトーストに
してやろうか!!

一人で夜カフェした時の
セットのパンが
完全に自我を持った
顔だったので

ここを通りたければ
この俺を倒してから
行くんだな

上の階のカフェに
行きたかったのに
全くどいてくれない猫が
多分こう言ってたので
（カフェ諦めた）

このパイナップル多分
自分のこと酒だと
思うてる

そろそろ
春服が欲しいわー

お店に入りたいのに
全くどいてくれない猫が
多分こんな気持ちだったから
（お店諦めた）

ガーン
な…
なんだって…!?

このランチプレート
光の加減で
すごいショック受けてるシーン
みたいになった

力が…欲しいか…？

今まで見たフクロタケの断面の中で
この日のが一番サイコパスだった

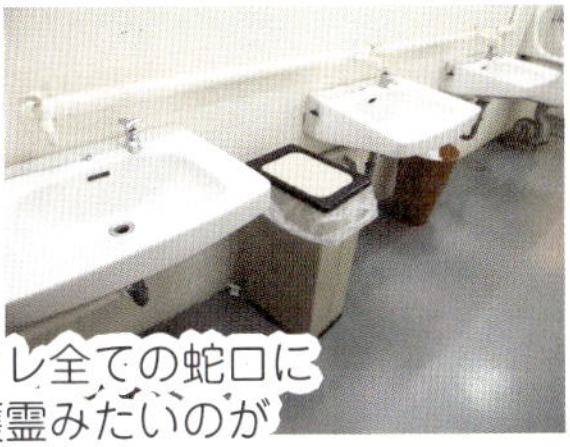

ここのトイレ全ての蛇口に
蛇口の守護霊みたいのが
ついてるんだけどなんなの

お前もパールロイヤル
ミルクティにしてやろうか！

かなりよい顔だったのに
ピンボケしてしまった
悔しい

ドウシテニンゲンスグ
コワレチャウノ…？
モットアソビタイノニ…

あとよく見たら右上に
殺人を無邪気に楽しむタイプの
敵みたいな人もいた

いかがでしたか
そう言ってるように
見えてきましたか
最後になりましたが
この病気は伝染します

謎の予定

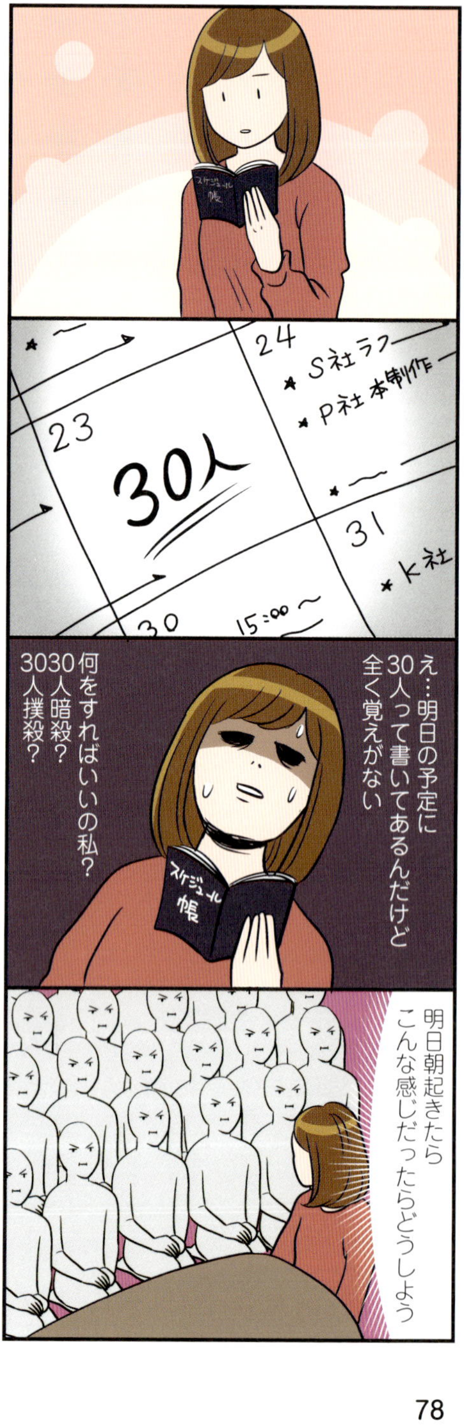

スケジュール帳
24
S社ラフ
P社本制作
23
30人
31
K社
30
15:00～
え…明日の予定に
30人って書いてあるんだけど
全く覚えがない
何をすればいいの私？
30人暗殺？
30人撲殺？
スケジュール帳
明日朝起きたら
こんな感じだったらどうしよう

4章

おもてなし料理に向けての挑戦

おもてなし料理に挑戦したいと思ったきっかけ

私は自炊歴10年以上なのですが人から
自炊してるの？
と聞かれたら
してるけど人に食べさせられるものは作れない
と必ず答えています
私の料理は栄養だけを考えて味・見た目は二の次なので人に振る舞える料理が作れないのです
魚をオーブンレンジの焼き魚モードにぶっ込んで焼いたものか卵を焼いただけのもの
汁より野菜が多い味噌汁
雑なサラダやパックそのままのもずくや納豆
私は家で一人で作って食べる食事をただの「燃料」だと思っていて栄養を取ることだけが目的なのです
ガソリンで動けるならガソリン飲む
栄養バランスがよく健康が維持できて手早く作れるものだけを作り味や見た目ましてや「自分が食べたいかどうか」なんて考慮したことがなかった
料理大嫌い心からめんどう
だから美味しいものなんて作れない
美味しくないものができ上がる料理っていう作業を好きになれない
好きじゃないことが得意になるわけがない
特別まずくもないがうまくもない
でも周りには料理上手の友人が何人もいて私の家に泊まりに来た時など先に起きて冷蔵庫にあるものだけで美味しいブランチを作ってくれたり
!?
できたよー
フルコースの手料理でおもてなしを受けたりするうち
わー
い
お食べー

一人暮らし20年目が近づいた頃
こう思うようになりました
美味しいものを作って
人に振る舞えるってかっこいい！
私もされるばかりじゃなくて
おもてなしできるようになりたい！
それにこれからも
きっと自炊は続いていくのに
ずっと「料理嫌い」って思いながら
作るのしんどい
料理好きになれるならなりたい
こうして
おもてなし料理への
チャレンジが始まりました
その奮闘は既刊
『ひとりぐらしも
神レベル』に
描かせていただきました
ああああ
春雨がだんごに!!
ひとりぐらしも神レベル
目を背けるな、自分
しかしこれまでは結局
大して料理は上達せず
自分の欠点ばかりが
浮き彫りになる結果に…
一度も人を
おもてなしすることなく
終わりました
味薄い…
一度だけ持ち寄りに挑戦した
でもそれも味つけ失敗した…
何より「人に自分の料理を
食べさせることへの抵抗感」は
まだ乗り越えられず
なんか人に
食べさせるって怖い
はたしてこんな私が
おもてなし上手になれるのか？
理想
冷蔵庫に
あるものだけで
ささっと
おもてなしレベルの
料理ができる人

癒しまくれ！ あったかポトフ

あ〜毎日寒いなああ
お客さんがホッコリ癒やされてしまうような温かいおもてなし料理を作れるようになりたいな
は〜あったまる…癒やされる…
ほっ…
ニヤリ
鍋…でもいいけど洋風がいいな見た目もよくて優しい味で…なんかいいやつないかな
パラ…
『レタスクラブ』のバックナンバー
あ！ポトフいいな！
まるごとポトフ
大きい野菜がゴロッと入ったポトフ作ってみたかったんだ
しかもこの号（※）ズボラなカマタにぴったりの「しなくていい手間省きました！楽うまおかず」特集
え！皮も剥かなくていい？調味料は塩だけ？コンソメいらないの…？
レタスクラブ
実はカマタはコンソメなどだしの素を使わずに汁物を作ったことがない
正確にはだしを取って作る味噌汁に何度かチャレンジしたがよい味が出ずに失敗したためだしの素を使わないことに抵抗があるのだ
おいしくない…
?
心から疑っているがこのレシピで作ってみよう
お肉も牛じゃなくてカレー用の豚でもいいのか助かる！牛さんはお高いからね
スクラブ
早速スーパーへ
あれ？薄切りの肉しかないどうしよう
あ！そうだ少し先に確かお肉屋さんがあったような
肉の大和屋
あったー！
この街に住み始めて6年目お肉屋さんで肉買ったの初めて！スーパーのより美味しいのかな？期待！
♪
袋に女の子とウサギの可愛いオリジナルキャラも描かれてるし…

※2016年12月24日号

!?
これウサギ違う!!
なんだこの生き物!?
気になりすぎて
東京都食肉事業
協同組合の
サイトまで見に
行ってしまったが
説明がない!
食肉組合の
マスコットキャラクター
"モグモグ"
こんにちは。ボクたちは食肉組合のマスコットキャラクターです
ボクの名前はモグモグ。お姉さんの名前はメイプル。
でもまあ
お肉大好き
現役女子大生が
描いたらしいから
オールオッケー
東京都食肉事業協同組合
このキャラクターはお肉が大好きな現役女子大生が描いた作品です。
塩だけの味つけだから
今こそ担当さんがくれた
よい塩の出番!
そしてマスタードも購入!
すでに料理上手気分!
「味を調える」じゃなくて
ちゃんと「塩小さじ1」って
書いてくれてて助かるー
フタはしていいんだよね?
『天体戦士サンレッド』(※)の
ヴァンプさんはおでんを作る時は
つゆが濁るからフタしちゃだめって
言ってたけども
できたー!
おーーいしーーーい!!
野菜のだしが
しっかり出てる!
塩だけなのにすごく美味しい!
お肉も柔らかい〜!
リアルに出た第一声がこれ
「美味しい」じゃなくて
「おーいしーい!」だった
なんというか…
滋味染み渡る…
これ 大事な人がちょっと
弱ってる時に食べさせたい感じ!
最近疲れが
たまっててさ…
大丈夫?
ポトフ食べる?
そんな人いないけど!!
ギュ
なんなら今弱ってるの私だけど!
ありがとう自分! 元気出た!

『天体戦士サンレッド』…ヒーロー物のマンガだが
なぜか世界征服を企む悪の組織のボスヴァンプ将軍の
主夫力がいやに高く、合間にオリジナル簡単レシピや
生活の知恵をやたら挟んでくる

楽していこう! パウンドケーキ

おもてなし料理を練習中だが相変わらず誰も家には来ないので持っていく作戦に切り替えたカマタ
明日会う友人に何かお菓子を作ろうかな
一日外で遊ぶから保存が効くもの…パウンドケーキはどうかな
レシピ
製菓材料店へ
生まれて初めてのケーキ作りだ～粉をふるったり難しそう…
えーと薄力粉とベーキングパウダー…
パウンドケーキミックス
かんたん!
パ…パウンドケーキミックス…!?
もしかして粉をふるったりしなくていいやつ!?
買っちゃえよ…
わ…私の中の悪魔が…
買っちゃえよ…その白い粉…
人聞きの悪い言い方すんな
いやでも…一から作るべきじゃ…
待ちなさい…
お前が一から作れるわけがないだろ!!
自己評価高すぎかよ!!
買え――――!!
クズが!!
私の中の天使 辛辣!
クズが!?
早速製作
あまりにも簡単だったので工程は省略
焼けたー!!
あれ? でも膨らみが足りない? 混ぜすぎたからかな…?
粉はまだ残ってるけど…
もう一回! もう一回!
パンパン
パンパン
ま…マジで?

パ・ジェ・ロ!
パ・ジェ・ロ!（※）
パンパン
パジェロではない
混ぜすぎないようにして2回目
さっきよりはふんわりした気がする!
どれ味見
う…うまあああ!
初めて作ったケーキうまあああ!
その時カマタは思った
楽をしよう
私料理が苦手なまま20年くらい過ごしてしまったために料理に対する心理的ハードルが高くなりすぎている…
パウンドケーキミックス
かんたん!
かけるだけホワイトソース
3袋入り
どんどん使っていこう楽できるグッズを
いつかは一から作れるようになりたいけどまずは成功体験を積み重ねて心理的ハードルを下げていこう
ホワイトソース
パウンドケーキミックス
友人に食べてもらった
美味しい〜!
ドキン…
あれ…
何この気持ちは
持ち寄りで人に食べてもらった時も味つけは失敗したんだよな
でも今回は自分で食べても完全に美味しくできたものを食べてもらって…
この満足感なんだろ…
心の何かが満たされる…
おもてなし料理もっと頑張りたい…
かんたん!
3袋入り
ただしできるだけ楽をしながら…

※TBS系の人気TV番組「関口宏の東京フレンドパーク」のダーツの時のコール。目玉の景品がパジェロだった

お呪…お祝い！ オリジナルおせち

もうすぐお正月かー おせち作ってみたいな！
私だっていつか家族に作ることがあるかもしれないし？ 練習しといて損はないかも？
でも重箱に入ったちゃんとしたのはとても私にはできないな～
お皿に4、5品盛った簡単なやつを作ってみよう
「おせち レシピ」で検索っと 今はローストビーフとかテリーヌとか伝統的ではないものも入れるのかー
テリ～ヌ
そういうのもいいなあ 美味しいにこしたことはない
でも私 おせちのオヤジギャグが好きなんだよね
昆布巻き「よろこぶ」のごろ合わせ
こういうおやじギャ… 縁起担ぎね！
でもどうしてもオッサンが「昆布でよろこんぶ！」って言いながら爆笑してるイメージが沸く…
だからやっぱり伝統的なおせちを…って思ったんだけど
【数の子】子孫繁栄 子宝に恵まれるようにと願う縁起物
結婚もしてないのに子宝は願えないなあ…
【黒豆】真っ黒になるまで「まめ」に働き健康に暮らせるように
働くよ！ 働くけど真っ黒になるまではつらい！
【エビ】腰が曲がるまで長生きできるように
できればそこまで腰曲がらずに老いたい！ もっと言うなら老いすぎる前にリタイアしたい！
あああ
【レンコン】将来の見通しが利く
私の場合たくさん穴開いてると迷いが出そう…
いろんな未来が見えそう…

こうやって見ると昔からのおせちの由来は堅実で真面目そして家族向けなんだなあ…
私そんなに頑張れない…
そこで考えた！
孤独と迷いと欲望の
お一人さま用おせち
【タコとセロリのマリネ】
単独行動を好むタコに
お一人さまの姿を重ねて
自立して生きていけるように
【レンコンの肉詰め】
一つだけ穴を残して
他の穴は肉を詰める！
【豆腐（しょう油は
かけず塩で）】
美白になれるように
【玉状のこしあんぼたもち】
玉の輿→玉のこし のごろ合わせ
玉の輿への願いと
「棚からぼたもち」の意味を込めて
【ゴルゴンゾーラ】
なんか強そうだから
全部自分の好物
はいこれ妄想じゃないよ
ほんとに作ったよ!!
（ぼたもちだけ買ってきたものを
手で丸めて玉にしました）
いつかできるかもしれない
家族に…という初心は
まるっと忘れ
自分の欲望だけを詰め込んだ
呪いのおせちが完成した
でもこれ…
おせち…？
うまい
おまけ
タコとセロリのマリネは
料理上手の友人が考えてくれた
料理ベタな人向けの
オリジナルレシピだよ
【タコとセロリのマリネ】
タコぶつ切り
セロリ薄切り
玉ねぎ・セロリの葉みじん切りを
塩とレモンであえて10分置く
以上

簡単すぎる！ ヤミーさんのキーマカレー

料理研究家のヤミーさんにお料理を教えていただけることに
あのヤミーさんに教えてもらえるなんて！
よーし いろんなテクを教わって料理上手になるぞ！
はじめまして
今日はキーマカレーを作ります
ヤミーさん
世界中のお料理を３ステップの
簡単レシピにして
紹介する料理研究家
まずみじん切りの玉ネギをレンジでチンして鶏ひき肉とカレー粉 塩 にんにくとしょうがのすりおろし トマト缶 水を入れて混ぜます
ピッ
それをレンジで5分チンすればでき上がり！
でき上がり!? 簡単すぎない!?
驚きの中カマタはあることに気づいた
あれ？ なんか首回りがモコモコする…
?
あ!! 私ニットを後ろ前に着てる！
チーン！
ニットをくるっと回してる間に
できたー！ 簡単すぎる！

しかも美味しい!!
混ぜてチンしただけなのに
なんでこんなにコクがあるの!?
薄味なのに!
レンジでチンで
玉ネギのうまみが
引き出されるんですよー
にんにくとしょうがは
チューブのやつでもいいし
玉ネギも売ってる
フライドオニオンでもいいです
にんにく
しょうが
FRIED ONION
そしたら包丁すら
使わないで作れる!
ポロポロ
火も使わず
しかも材料によっては
包丁すら使わないのに
こんなに美味しいものって
できるんだ…!
ウロコ
私味つけがすごく
苦手なんですよ
味見は
してる?
してるん
ですが…
味見してこれでOKかな?
と思っても
作り終わって食べると
何か味が薄かったり
味つけなんて後から
塩かければいいのよ～!
ヤミィィィィ
料理研究家の人達との
ホームパーティーでも
みんな酔っ払って適当に作るから
食べながら「味が足りない」って
調味料かけたりしますよ!
え!プロの人でも
そんな感じでいいの!?
ポロロロロロロ
はがれ落ちまくるウロコ!

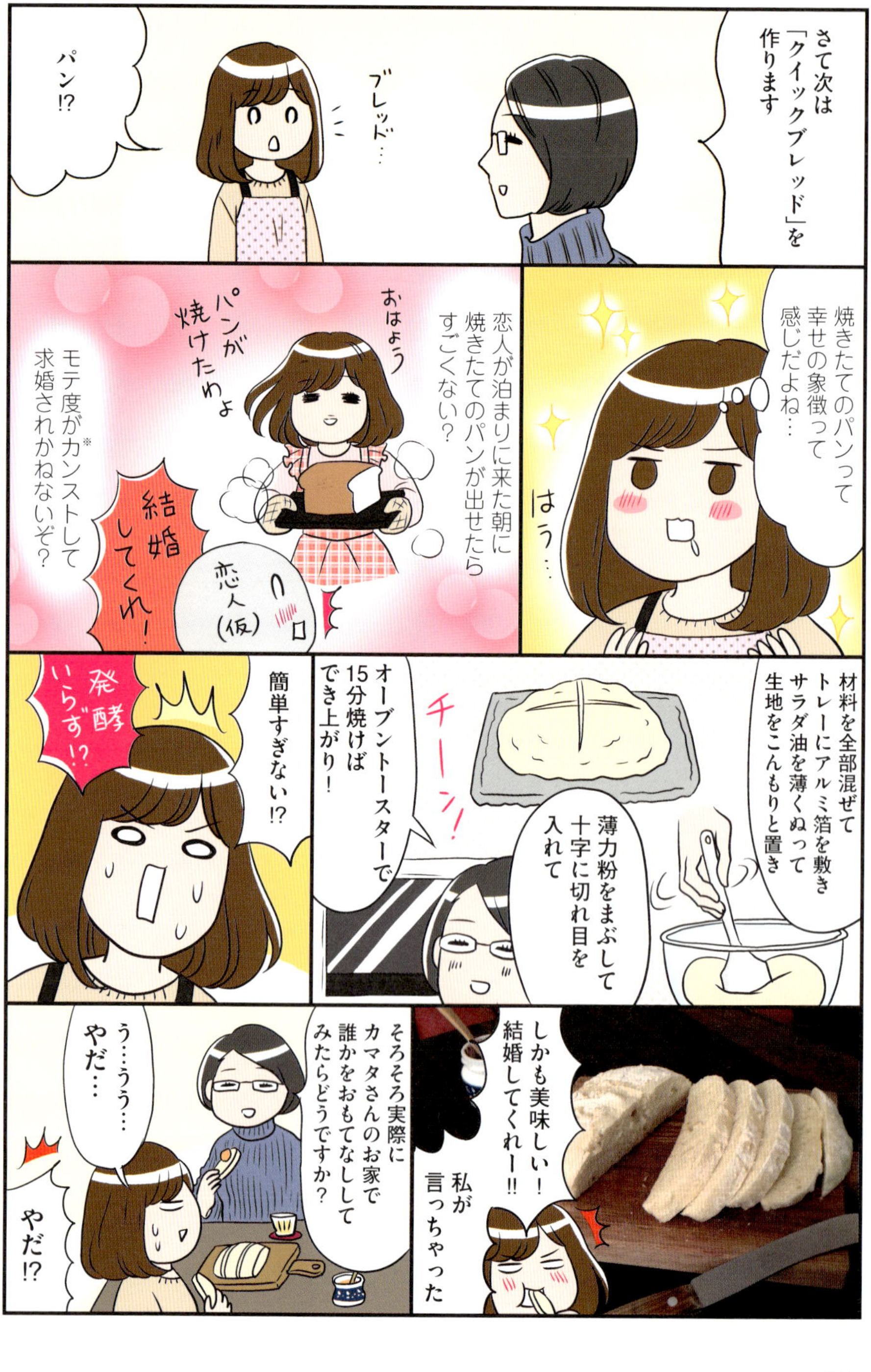
さて次は「クイックブレッド」を作ります
ブレッド…
パン!?
焼きたてのパンって幸せの象徴って感じだよね…
はう…
恋人が泊まりに来た朝に焼きたてのパンが出せたらすごくない?
おはよう
パンが焼けたわよ
モテ度がカンストして※求婚されかねないぞ?
結婚してくれ!
恋人(仮)
材料を全部混ぜてトレーにアルミ箔を敷きサラダ油を薄くぬって生地をこんもりと置き
薄力粉をまぶして十字に切れ目を入れて
チーン!
オーブントースターで15分焼けばでき上がり!
簡単すぎない!?
発酵いらず!?
しかも美味しい!結婚してくれー!!
私が言っちゃった
そろそろ実際にカマタさんのお家で誰かをおもてなししてみたらどうですか?
う…うう…やだ…
やだ!?

※「カウンターストップ」の意。数字のカウントが上限に達すること

私が人に料理を作るのが苦手なのは精神的な理由かもしれないです…
昔何度か恋人に作ったことがあるのですが反応が散々で
でもそれよりずっと大きいのが10年以上の間自分の作った料理を「美味しくない」と思いながら食べ続けたことだと思います
美味しくない
コスパと栄養バランスのみ重視の適当料理
2001
2005
2010
2016
まずくはないがうまくもない
「私の料理を食べさせられるなんてかわいそう」っていう気持ちがどうしてもあってそれをぬぐうことができないんです…
じゃあ今度カマタさんの料理を食べさせて!
ヤミイイィィ
そしたら私が絶対思い切り褒めるから!
や…
ぶわぁっ
ヤミーさああああああん!!
私子供の頃から料理をしてたんだけど父にはずっと「まずい」と言われ続けてて
「自分の味覚っておかしいのかな?」と思ってたんですよ
えええええ!?
でも社会に出て自分の料理を周りの人達に食べてもらったら美味しいって言われて自信が持てるようになったんです
チーン
近くで材料を買い会社のレンジでキーマカレーを作るヤミーさん
美味しそう〜!
食べますか?
いいの?
ヤミーさんにそんな経験が…それでも人に食べさせたいって思えるなんてヤミーさんは強いなあ…
料理の技術を教わろう!と思っていたけど思いがけず精神面のカウンセリングをしてもらったカマタであった

余った生春巻の皮で! フォー

ヤミーさんのカウンセリングで人に料理を作るのに抵抗がある理由をはっきり認識したカマタ
自分で自分の料理を10年以上美味しくないって思いながら食べ続けたせいなんだよね…
これからは「自分に作る食事はただの燃料」っていう考えを改めて
OISHIIMONO-
「美味しいものを食べる」って目的で料理してみよう
美味しいって思う経験を積み重ねていけば自分で自分にかけつづけた「私の料理は美味しくない」っていう呪いをとくことができるかも
どうせ…
ボワン
けっこうイケる!
姫とは言わないけど村娘くらい!
人に食べてもらうことも怖くなくなるかも…
ところで前に作った生春巻きの皮が残ってるな
ライスペーパー
他の料理に使えたりしないかな…ん!
フォ————!
あ 今の感嘆詞じゃないよ!フォーが作れるらしい!
そっか生春巻きの皮って「ライスペーパー」だもんね!細く切ればお米の麺になるよね!
よし 好物だしフォーを作ろう!おもてなし料理っぽくないけど…
あ でも例えば友達と飲んでて酔っ払ってうちに泊まった時朝フォーが出てきたらすごくない?
朝ご飯にフォー食べる?二日酔いの胃に優しいよ
ふぉおおおおお
BEER
そんな設定で作ってみよう!
そうだ!確かヤミーさんからいただいた本『4コマレシピ』にフォーの作り方が載ってた気がする…
4コマレシピ
あった!

※『ダンジョン飯』…九井涼子によるマンガ作品。様々なモンスターを
調理しながらダンジョンをクリアしていくグルメ・ファンタジーマンガ

スープを作ってる間に水で戻したライスペーパーを切って麺を作るよ！
べろん
太麺が好きだから太く…ぶにぶにの不思議な感触
ぶにょ ぶにょ
なんかスライムを調理してるみたい『ダンジョン飯（※）』が頭をよぎる…
10分煮込んだスープに麺を入れて できたー！
香菜が苦手なので抜いて代わりにナッツの砕いたのを載せました
ずずっ…
ふぉおおおおおおお
美味しい！
前にポトフを作った時も思ったけどだしの素を使わなくても長時間煮込まなくても野菜や肉からちゃんとだしが出るんだなぁ
味つけは
酒 しょうが にんにく 塩 レモン
料理酒
SALT
っていういつも使ってるものばかりなのにこんなに「異国の味」になるなんて不思議
数年前のベトナム旅行を思い出すなぁ
お寺にやたら犬がいる
よーし この調子で普段から自分が食べたいもの美味しいと思えるものを作ってみるぞ！

余ったスイートチリソースで！ エビチリ

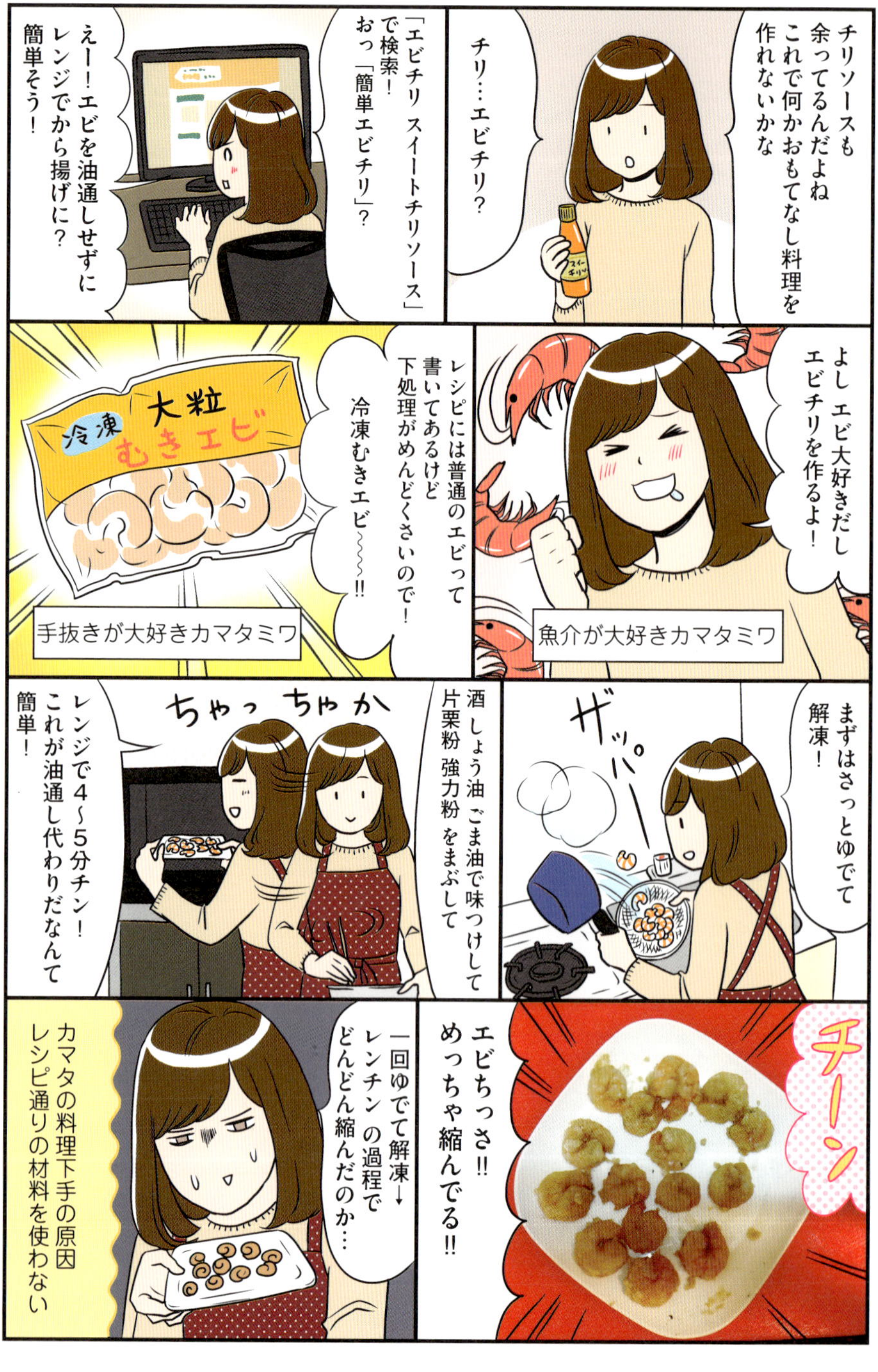
チリソースも
余ってるんだよね
これで何かおもてなし料理を
作れないかな
チリ…エビチリ？
「エビチリ スイートチリソース」
で検索！
おっ「簡単エビチリ」？
えー！ エビを油通しせずに
レンジでから揚げに？
簡単そう！
よし エビ大好きだし
エビチリを作るよ！
魚介が大好きカマタミワ
レシピには普通のエビって
書いてあるけど
下処理がめんどくさいので
冷凍むきエビ〜〜〜!!
冷凍 大粒 むきエビ
手抜きが大好きカマタミワ
まずはさっとゆでて
解凍！
ザッパー
酒 しょう油 ごま油で味つけして
片栗粉 強力粉 をまぶして
ちゃっ ちゃか
レンジで4〜5分チン！
これが油通し代わりだなんて
簡単！
チーン
エビちっさ!!
めっちゃ縮んでる!!
一回ゆでて解凍→
レンチン の過程で
どんどん縮んだのか…
カマタの料理下手の原因
レシピ通りの材料を使わない

気を取り直してみじん切りのねぎと一緒に炒めてスイートチリソースとケチャップで味つけして
ジャッ
ジャッ
でーきたー！
ねぎ好きだからって入れすぎたような気がするけど
うん 美味しい！
もっもっ
エビは小さいしねぎの存在感がすごいけど！
レンジを多用しても手を抜けるだけ手を抜いても美味しいものは作れる！
まかせろ
冷凍エビ
だんだん気が楽になってきたぞ！
でもおもてなしなら大きいエビの方がビジュアル的にはいいよなあ
冷凍むきエビにしたのは手抜き目的だけではなく生のエビが高かったからなのだ
鮮魚
くいっ
冷凍エビ
ほぼ同じ値段だけど冷凍の方が量が多くグラム単価が低いですね
見た目が華やかなおもてなし料理はやっぱりお金がかかるのかなあ
Salmon
スイートチリソース
クリームチーズ
生春巻きの時も全部揃えたら結構かかったし
そんなケチくさいこと言うのもなんだけどほらハレの日だけじゃなくて日常的におもてなせる人を目指してるじゃん？予算的なところも大事になってくるよね
ペラペラ
ペラ
そんなの目指してるなんて今初めて思いついたけど
材料費を抑えつつ見た目も華やかなおもてなし料理も探してみようっと
？

おもてなしへのリスタート！ 基本の味噌汁

おもてなし料理を作れるようになりたくて半年チャレンジしていろんな気づきがあったなぁ
レタスクラブ
コスパと栄養バランスのみ重視の適当料理
2001
2005
2010
美味しくない
まずくもないがうまくもない
気づき1
私の「人に手料理を作ることへの抵抗感」は
10年以上自分の料理を美味しくないって
思いながら食べていたせい
気づき2
見えてきた料理下手の原因
①味見しても味が調ったかどうか分からない
②全体の味が想像できない
③自分で食べる食事は心底どうでもいいと思っている
④同じ料理を複数回作って練習するという概念がない
⑤初心者なのにレシピ通りに作らない
ここまでの様子は既刊『ひとりぐらしも神レベル』に
誰か「ととのいました！」って言ってくんないかな
ねづっち的な誰かが…
でも、デミソースをかけた時の味が想像できなくてケッチャップライスをしょっぱくしすぎちゃった
ごくごく
私いつも料理する時「どうせ食べるの自分だし」ってフレーズが頭の中で回ってる…！
「塩少々」め～！
塩少々のせいにしているが2回以上作っていれば気づいたはず…
一回ゆでて解凍→レンチン の過程でどんどん縮んだのか…
そして…⑥料理を怖がりすぎ料理は難しいものっていう思い込みや失敗に対する恐れがある
ムリ
ムリ
①②④は基礎がなってないこと
③⑤⑥は心構えのなさが原因って感じ

これらを踏まえて これから成長 するためには…
①基礎を身に着けよう
②心構えを改めよう
・自分の食事も大切に 普段から美味しいものを 食べることを目的に作る
・初心者なんだから今は レシピ通りにきっちり作る
・もっと気楽に 失敗してもリカバリーすればいい
基礎か… 料理の基礎をちゃんと やってみようなんて 思いつきもしなかったな
仕事で新しい技術を 身に着ける時は まず基礎から入るのに なんでなんだ… 適当でもできると 思い込んでたのかな
よし しばらくは集中して 基礎を身に着けるぞ!
そして自分が美味しいと 思えるものを作ろう 優しい薄味の和食が好きだから 和食を基礎から!
こうしてやっと「基礎を学ぶ」というところに 辿りついたのだった
まずは初心者向けの 本が欲しいな
mazon
あ! これ 私にぴったり!
翌日
届いたー!
きほんの和食
決定版
「こんなに詳しく 解説したのは 初めてだ!」
和食の基礎をやると決めて 一番に思いついたのは…
以前失敗して諦めた 「ちゃんとだしを取って 作る味噌汁」に 再挑戦したい…!
以前
全然 美味しくない…

失敗以来 だしの素を使わずに
汁物を作ることに抵抗があったのだが
先日ポトフを作ったら
野菜や肉からちゃんとだしが出て
その味が優しく滋味深いことに感動
ふぉおおおおおお
おーーいしーーーい!!
野菜のだしがしっかり出てる! 塩だけなのにすごく美味しい! お肉も柔らかい〜!
リアルに出た第一声がこれ 「美味しい」じゃなくて 「おーいしーい!」だった
そして味噌汁に再挑戦したいと思ったのだ
以前失敗したのは百均で買った適当な昆布を使ったからかも
今回はちゃんとしたのを買おう でも昆布って実はいろいろ種類があるのでは…?
調べた感じこんなだった
主な昆布の特徴
真昆布 上品な甘味とうまみの澄んだだしが取れる
羅臼 濃厚で香りもよいだしが取れる 「昆布の王様」とも呼ばれる
利尻 うまみが強く香り高いだしが取れる
日高 柔らかくなりやすい いろいろな用途に使える
よく見かける日高より他の昆布の方がだしを取るのには向いてるらしい! 知らなかった〜!
「昆布の王様」羅臼を使ってみたいけどないいな〜
かつお
だし昆布
削りぶし
真昆布と利尻だったら前者が上品な味で後者の方がうまみが強いみたい
だしがちゃんと出せるか自信がない私としてはうまみは強ければ強いほど助かるので利尻を購入!
利尻昆布
おいしいかつお削りぶし
かつおぶしもクチコミを参考に味噌汁向きのしっかりだしが出るらしいちょっといいやつを買ってみました

おお…以前の私なら
買わない価格帯だ…
「美味しいものを作りたい」「そして食べさせたい」っていう気持ちが財布のひもをゆるませる…
利尻昆布
ちなみに以前の私だったら買ったであろうもの（当然そのスーパーで最安値を選ぶプライベートブランド信者）
P.B 花かつお
P.B 日高こんぶ
P.BはP.Bで優秀なんだよ！信者は続行するよ！
もしくは全部百均で揃えてた
ふむふむ 昆布5×5㎝…このくらいかな？
ハッ
きほんの和食
いや！きっちりレシピ通りって決めたんだ——!!
かつおぶしもちゃんと量り
もさっ
百均のスケールだから正確じゃないかもだけど
弱火で5分煮出したらこし器でこすのね ふんふん
ふん…
こし器がねえ

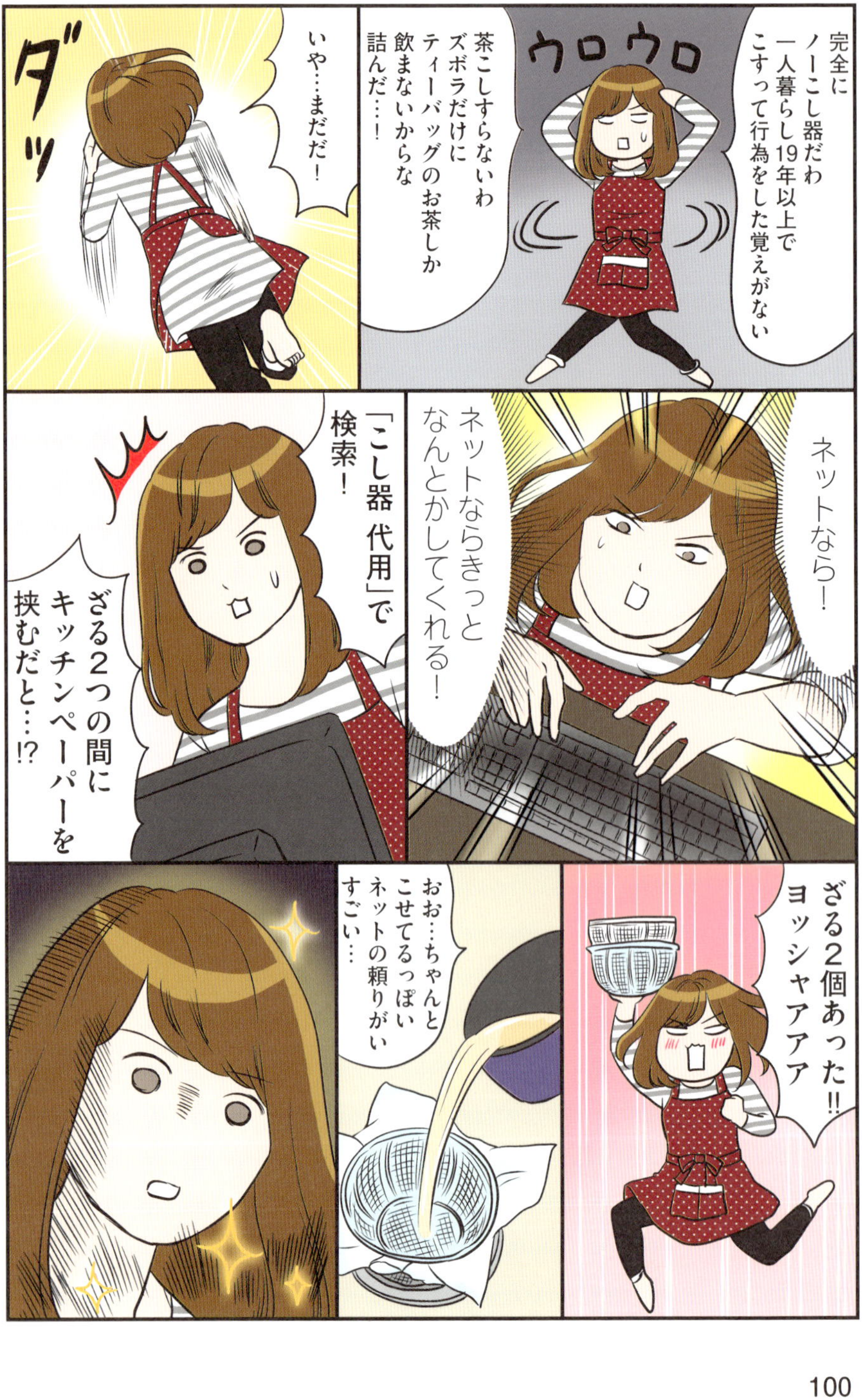
完全に
ノーこし器だわ
一人暮らし19年以上で
こすって行為をした覚えがない
ウロウロ
茶こしすらないわ
ズボラだけに
ティーバッグのお茶しか
飲まないからな
詰んだ…！
いや…まだだ！
ダッ
ネットなら！
ネットならきっと
なんとかしてくれる！
「こし器 代用」で
検索！
ざる2つの間に
キッチンペーパーを
挟むだと…!?
ざる2個あった!!
ヨッシャアアア
おお…ちゃんと
こせてるっぽい
ネットの頼りがい
すごい…

う…美しい！ 前に作った時と
全然違う！ 綺麗な金色になってる！
キラキラキラー
どれどれ味見…うわっ
うまみ成分!!
グルタミン酸――!!
衝撃のあまり
小学校の家庭科の内容を思い出すカマタ
こ…これは大成功の予感がする
味噌の量も今回はきっちり量ろう
味噌の割合はいろんな説があるけど
1ℓに対して60ｇでいってみよう
そのだし汁でいつも通り味噌汁製作
できたー！
こんなに丁寧に味噌汁を作ったのは初めてだ…！
いつもは脇役の味噌汁がすごく大切に思える…
ずず…
うまっ！ うまみ成分
イノシン酸――!!
衝撃のあまり
小学校の以下略
すごい！
ちゃんと取っただし汁すごい！
今全然お腹すいてないのに
止まらない！
夢中で飲んでしまう〜〜〜！
ヤバいもんでも入ってんのかな
ハァ
ハァ
ハァ

※入ってません

おもてなし料理へのリスタート！ 基本の肉じゃが

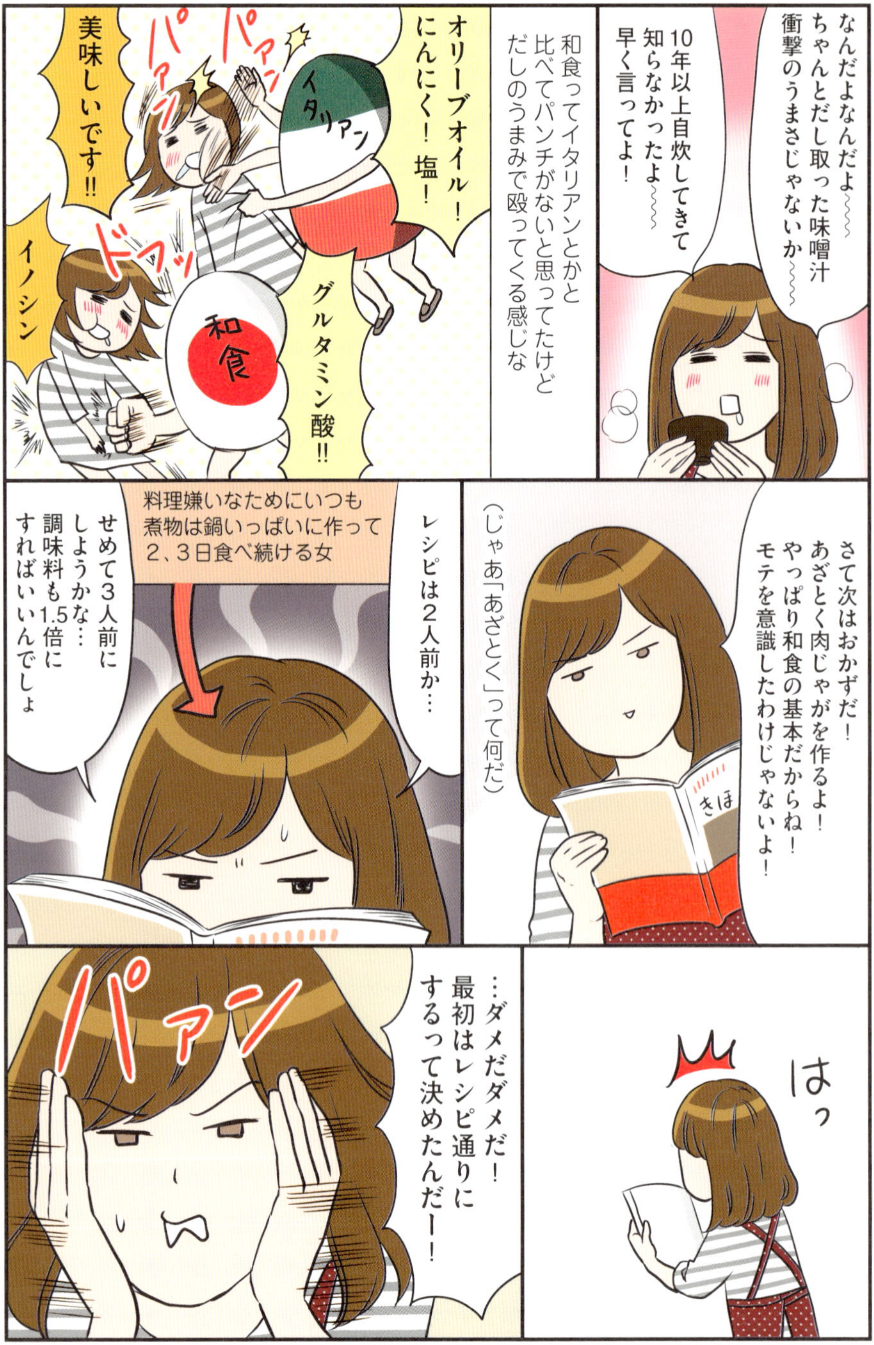

なんだよなんだよ〜〜 ちゃんとだし取った味噌汁 衝撃のうまさじゃないか〜〜
10年以上自炊してきて 知らなかったよ〜〜 早く言ってよ！
和食ってイタリアンとかと 比べてパンチがないと思ってたけど だしのうまみで殴ってくる感じな
オリーブオイル！ にんにく！ 塩！
パァン
パァン
イタリアン
美味しいです!!
ドフッ
イノシン
和食
グルタミン酸!!
さて次はおかずだ！ あざとく肉じゃがを作るよ！ やっぱり和食の基本だからね！ モテを意識したわけじゃないよ！
（じゃあ「あざとく」って何だ）
レシピは2人前か…
料理嫌いなためにいつも 煮物は鍋いっぱいに作って 2、3日食べ続ける女
せめて3人前に しようかな… 調味料も1.5倍に すればいいんでしょ
はっ
…ダメだダメだ！ 最初はレシピ通りに するって決めたんだー！
パァン

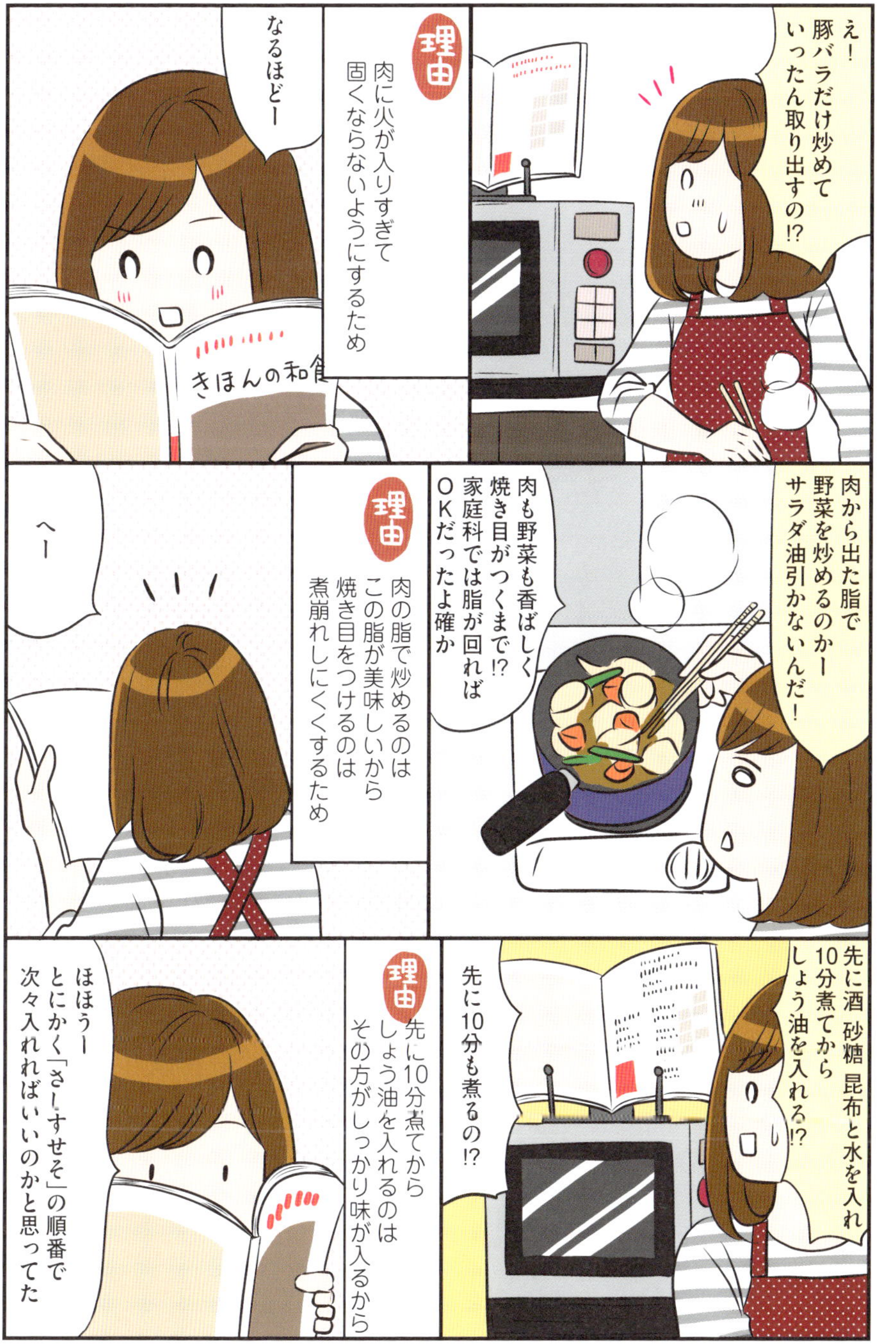

え！
豚バラだけ炒めて
いったん取り出すの!?
理由
肉に火が入りすぎて
固くならないようにするため
きほんの和食
なるほどー
肉から出た脂で
野菜を炒めるのかー
サラダ油引かないんだ！
肉も野菜も香ばしく
焼き目がつくまで!?
家庭科では脂が回れば
OKだったよ確か
理由
肉の脂で炒めるのは
この脂が美味しいから
焼き目をつけるのは
煮崩れしにくくするため
へー
先に酒 砂糖 昆布と水を入れ
10分煮てから
しょう油を入れる!?
先に10分も煮るの!?
理由
先に10分煮てから
しょう油を入れるのは
その方がしっかり味が入るから
ほほうー
とにかく「さしすせそ」の順番で
次々入れればいいのかと思ってた

それぞれの過程でなぜそうするかの理由を書いてくれてると覚えやすくて助かるな
私 学生の時の勉強でも理由が分からないと覚えられなかったから
ん？
でもなんで砂糖を先に入れた方が味が入るんだろう
調べてみた
砂糖は分子が大きいので先に他の分子が小さいもの（塩など）が入ってしまうと隙間がなくて入れない
食材の細胞
塩などの分子
砂糖の分子
ムリじゃね？
だから先に砂糖を入れて
ドプン
その後その隙間に他のものが入るようにする
入れた〜
ヒュー
しかも砂糖は素材を柔らかくする働きがあるのでみんな入りやすくなる
まぁ入れよ
先に10分煮るのは分子が大きい砂糖が中に入りづらいからか
めりめり
ちょちょっと待ってもうちょいで入れる気がするこないだは入れたからほんと！
先に煮ないと多分こんなことが起こる
今まで「さしすせそ」の順番にさっさと入れちゃってたなぁ
今までのカマタ
砂糖を入れて10秒くらいで
次しょうゆ！
次みそ！
バッサバッサ
しょうゆ
みそ

科学的に説明されると納得できるな～もうこれからは間違えない気がする！
なんかこのイメージ忘れそうにないし…
いける
これからも疑問に思ったことは調べながらやってみたいな
そして昆布を入れるんだね汁物でも煮物でも昆布大活躍だなあ
煮込む時間全部で13分でよかったのかもっと煮ないと火が通らない気がしてたけど
いつもの
ドロリ…
そういえばいつもじゃがいもが煮崩れてドロドロしてたな…
できたー！
お美味しい…！
いつもより煮る時間が少ないのにしっかり味が染みてる！薄味で上品なのにうまみは強い～
比べるといつも適当に作る肉じゃがは濃くて脂っぽいのにぼんやりした味だったな
まずくはないが
喉が湯く…
ずっ
煮汁も濃くて飲めなかったけど今日のは煮汁も美味しい！全部飲みたいくらい！

昆布以外はいつもの材料と調味料なのに作り方でこんなに味が変わるのかー
New!
酒
しょうゆ
SUGAR
いつもの
しかも別に手間が増えたりせずむしろ時短になってる
和食屋さんの「薄いのにはっきりした味の美味しい和食」に少し近づけた気がするなあ
しかし調味料の配分を覚えられる気がしないよ何度も作ってたら「あの味はしょう油大さじ3くらい」とか思い浮かぶようになるのかなあ
何も見ないで作れるようになるまでの道のりは長そうだ…
SUGAR
SALT
この後マンガ『きのう何食べた?』の1巻を参考に初めて作った時に美味しさに感動した煮びたしと
厚揚げの代わりに油揚げで
先日料理を教えていただいたヤミーさんのご本に載ってるエスカリバダ(焼き野菜のマリネ)も作成
どっちも超簡単
実は今回の料理は和食の練習のためだけではなく利き手を怪我した友人のためでもあった
自炊ができず困っていたので差し入れを持っていこうと思ったのだ
野菜好きの友人アレルギーがあり外食できる店も選ぶ必要が…
料理を保存容器に詰め味噌汁も保温容器に入れて友人宅へ
いらっしゃーい

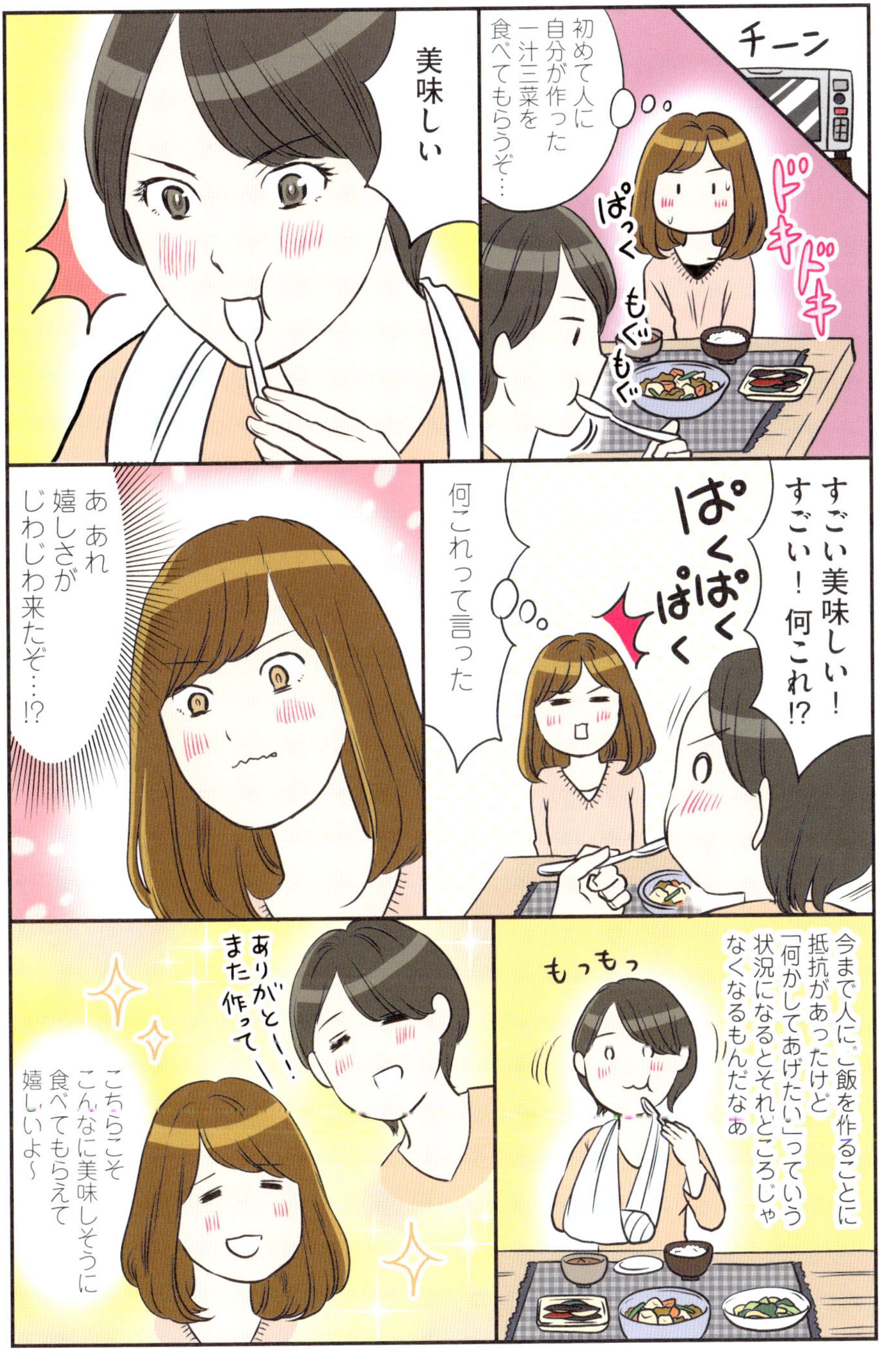
チーン
初めて人に自分が作った一汁三菜を食べてもらうぞ…
ドキドキ
ぱっく
もぐもぐ
美味しい
すごい美味しい！すごい！何これ!?
ぱくぱくぱく
何これって言った
あぁあれ 嬉しさがじわじわ来たぞ…!?
今まで人にご飯を作ることに抵抗があったけど「何かしてあげたい」っていう状況になるとそれどころじゃなくなるもんだなぁ
もっもっ
ありがとー!! また作って
こちらこそこんなに美味しそうに食べてもらえて嬉しいよ〜

ピクニックに向けて！ いなり寿司

明日は友人とピクニック
お弁当を作ることに
和食に
はまっている今
いなり寿司を
作ってみたい！
おべんとう
以前ならぶっつけ本番で
臨んだところだが今の私は違う！
料理は反復練習が大事って
身をもって知ったから
一回練習で作ってみるぞ！
味薄っ
以前持ち寄りで
味付けを失敗した時は
ぶっつけ本番で作ったのだ
レンコンの歯ごたえが
いいいなり寿司を
作りたいな
レンコンあった！
けど高い…
こんな小さくて
500円もする
それにうちガスが
1口しかないから
油揚げとレンコンを
同時進行で煮られないし
正直めんどうくさい!!
志
はい
下がりますよ
酢飯にそのまま
混ぜるだけで
歯ごたえが楽しい
ものってないの？
おっ！
たくあん入り？
これでいこう
たくあん入り
いなり寿司レシピ
楽したいスイッチが
入ってしまったカマタ
今回もできるだけ
楽な方法でいっちゃおう！
だし汁も顆粒だしを
使っちゃう！
油揚げもキッチンペーパーで
押さえるだけの簡単油抜き！
コロコロ
菜箸でコロコロして
開きやすくした
油揚げを開いて…
ビリッ
ぎゃっ
こんなに
破れやすいのか…
練習しといて
よかった
ドキ
ドキ…
油揚げを煮ている間に
すし飯作り
炊きたてご飯に
すし酢をかけて
混ぜながらあおぐ…
ハッ
あおいでくれる
人がいない！
いなり寿司って2人以上で
作ることが前提の料理!?

いやそんなことは認めない！
お一人さまにだって手作りのいなり寿司を食べる資格はあるはず！
頼んだぞ扇風機…！
ごまとたくあんを細かく切ったものも混ぜて…できたー！
ありがとう助手！
しかし後で調べたら
乾燥しすぎるので扇風機を使ってはダメ！すし酢をかけて混ぜた後にうちわであおげばＯＫ
だそうです
ガーン
油揚げにすし飯を詰めて…できたー！
破れてるけど味はまあまあかな明日も頑張ろう
翌日
さあいよいよ本番！昨日の失敗を踏まえて破れないようにそーっと
ビリ
昨日よりずっと破れやすいぞ!?
昨日と違う油揚げを使ったせいかもっと味を染みさせようと長めに煮たせいか16枚中実に10枚が大破
大破
大破したもの以外も結構破れてたけど強引にすし飯を入れて完成！
ギリギリいなり寿司の体裁になったものはたった6個
しかもタッパー
ピクニックには無事行けましたが…
味も昨日の方が美味しかったような
調味料の配合も昨日と変えた奴
しょん…
なんか見知らぬ子供が見にきた
じー
これはいなり寿司リベンジ必須

笠原さんからのアドバイス!

『レタスクラブ』で連載中の笠原将弘さんの撮影現場にお邪魔してきました
賛否両論
笠原さんのお店『賛否両論』
先日買った本『きほんの和食』はなんとこの笠原さんの本なのだ!
おもてなし料理の参考になるかも…
是非同行させてください!
編集さん
笠原さんはダンディな雰囲気の料理人さん
賛否両論
唐揚げは粉をまぶす時に形を整えます
平たくしない方が中に肉汁が閉じ込められてジューシー感が出ます
ほうほう
メモメモ
撮影は会話しながら和やかに進みました
今ダイエットしてるんですよ
え そんなにスリムなのに必要ないのでは
見えないところがわがままボディなんですよ
賛否両論
わがままボディなの!?
見えないところ…? お腹? それとも足…
ここまでスリム&ダンディ
ここからわがままボディ?
実は私は料理が苦手すぎて人に料理を食べさせることに抵抗感を通り越して恐怖感があるんです…
恐怖感!?
そのくらい料理が苦手な人におもてなしの心構えというか助言をいただけませんか?
いろいろ想像しているうちに料理が完成!
試食させていただいた
お 美味しい〜!
役得!

料理をそんなに怖がらなくていいんですよ！
失敗したって別に殺されるわけじゃないんですから！
失敗してもちょっと薄味だったなとか濃かったなとかを繰り返して
何度も作ってるうちにできるようになっていきますよ
やっぱり…
やっぱり反復練習ですよね…
練習嫌いで本番一発で作ろうとしがち
1回だけ練習したいなり寿司も失敗
がくり…
うう…
そう！そしてもし失敗しても
作ってもらってるんだから文句言うんじゃないわよ！
バーン
…でいいんですよ
子供の頃 母親によく言われましたよ 作ってやってるんだから文句言うなら食べなくていい！って
私「美味しくないものを食べてもらうなんて申し訳ない…」って思ってたけど…
ごちそうするんだからそのくらいの「お母さんマインド」でOKってことですね！
笠原さんからのアドバイス
おもてなしはお母さんマインドで！
なんか大丈夫な気がしてきた！そろそろおもてなしに挑戦してみようかな…!?

いよいよ! 誰かをおもてなし

料理の練習をし始めて1年経ったし何人か招いておもてなししてみたい!
でもワンルームの私の部屋じゃ狭すぎるなあ
周囲にそんな話をしていたら…
『レタスクラブ』のキッチンスタジオ使います?
編集さん
私ごときが使っていいの!?
じゃあせっかくなので普段お世話になっている編集さん達をおもてなししよう!
そして今までかけたご迷惑をチャラにしてもらおう!
お店みたいなコースにしたいな～
高級店のコースは無理だからカジュアルダイニングの飲み放題コースの料理くらいで!
レシピ
できるだけ今まで作った料理の中でコースっぽく組み合わせてみよう
料理1
スペイン料理教室で習った超～～～簡単なアーティチョークのタパス
料理2
こないだ参加したイタリアン料理教室で習ったあさりのワイン蒸し あさりからやばいくらいだしが出るので必ず美味しくなる心強いメニュー
うんうんいい感じの洋風コース! それで次は…
肉じゃが作りてえ
人に食べてもらった中で一番褒められた肉じゃがなら自信を持って作れるんだよ～!
一個くらい和惣菜が入ってもいいよね! それで次は…
料理3

カマタ家に伝わる
もちチーズ春巻き作りてぇ
もちチーズ春巻きとは…
もちとろけるチーズ 海老が入ってる
母直伝の揚げ春巻きでカマタが
子供の頃からの大好物なのだ
トローーリ
カマタ家以外の人に
食べさせたい!
そしてあわよくば広めたい
そしておもてなし料理を
覚えようと決めた時に
絶対作ってみたいと
思っていたもの
それは…
ローストビーフ!
おもてなしといえば
ローストビーフという
イメージがあったのだが
難しそうなので避けていたのだ
しかしフライパンで
簡単に作れるレシピを発見
これなら作れるかも…
4コマレシピ
最後のデザートは
パウンドケーキでいいかな
盛り付けを工夫したら
デザートっぽくなるかな?
こうして決まった
おもてなしコース!
1 アーティチョークのタパス (スペイン料理)
2 あさりのワイン蒸し (イタリアン)
三 肉じゃが (和食)
4 もちチ～ズ春巻き♡ (カマタ家)
5 ローストビーフ (イギリス料理)
6 パウンドケーキ (イギリスのスイーツ)
なんだこのコース…
はたして全部失敗せずに
作れるのか!

とうとうおもてなしに挑戦！

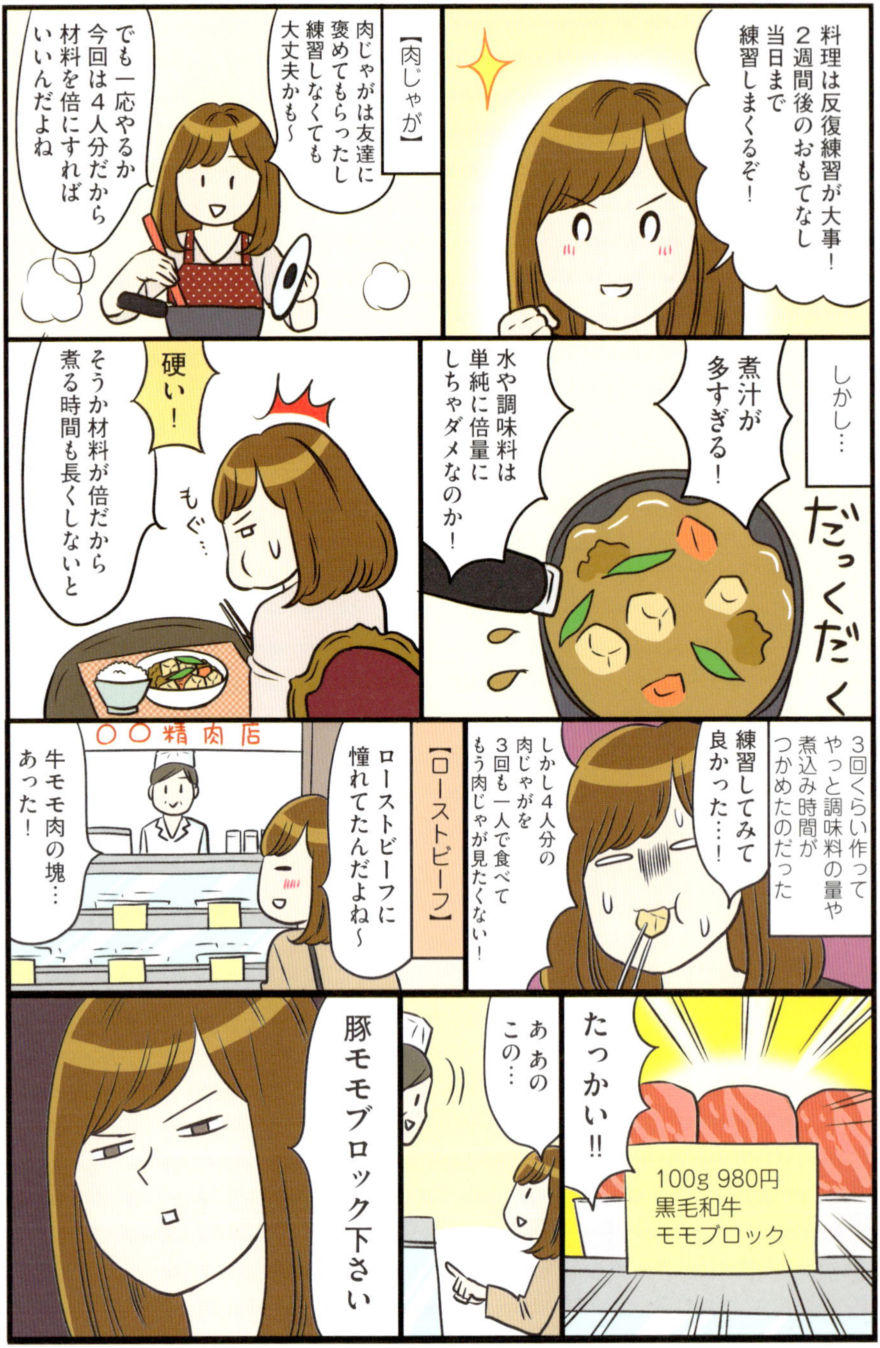

料理は反復練習が大事！2週間後のおもてなし当日まで練習しまくるぞ！
【肉じゃが】
肉じゃがは友達に褒めてもらったし練習しなくても大丈夫かも〜
でも一応やるか今回は4人分だから材料を倍にすればいいんだよね
しかし…
煮汁が多すぎる！
水や調味料は単純に倍量にしちゃダメなのか！
だっくだく
硬い！
もぐ…
そうか材料が倍だから煮る時間も長くしないと
3回くらい作ってやっと調味料の量や煮込み時間がつかめたのだった
練習してみて良かった…！
しかし4人分の肉じゃがを3回も一人で食べてもう肉じゃがが見たくない！
【ローストビーフ】
ローストビーフに憧れてたんだよね〜
〇〇精肉店
牛モモ肉の塊…あった！
たっかい!!
100g 980円
黒毛和牛
モモブロック
あぁこの…
豚モモブロック下さい

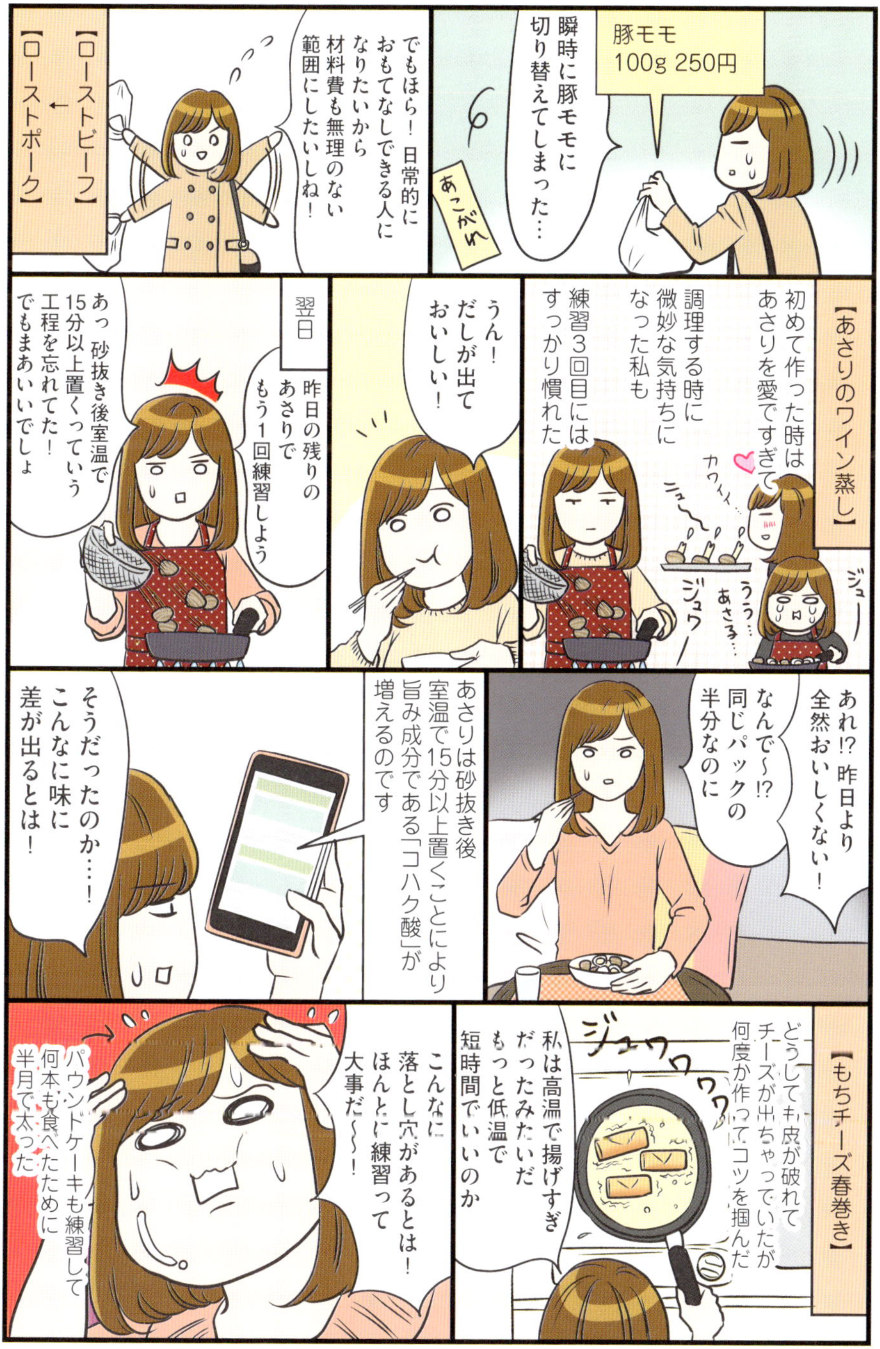

豚モモ 100g 250円
瞬時に豚モモに切り替えてしまった…
あこがれ
【ローストビーフ】←【ローストポーク】
でもほら！日常的におもてなしできる人になりたいから材料費も無理のない範囲にしたいしね！
【あさりのワイン蒸し】
初めて作った時はあさりを愛ですぎて
カワイイ…
ニュ〜
ジュー
うう…あさる…
ジュワ
調理する時に微妙な気持ちになった私も
練習3回目にはすっかり慣れた
うん！だしが出ておいしい！
翌日
昨日の残りのあさりでもう1回練習しよう
あっ 砂抜き後室温で15分以上置くっていう工程を忘れてた！でもまあいいでしょ
あれ!? 昨日より全然おいしくない！
なんで〜!? 同じパックの半分なのに
あさりは砂抜き後室温で15分以上置くことにより旨み成分である「コハク酸」が増えるのです
そうだったのか…！こんなに味に差が出るとは！
【もちチーズ春巻き】
どうしても皮が破れてチーズが出ちゃっていたが何度か作ってコツを掴んだ
ジュワワワワ
私は高温で揚げすぎだったみたいだもっと低温で短時間でいいのか
こんなに落とし穴があるとは！ほんとに練習って大事だ〜〜！
パウンドケーキも練習して何本も食べたために半月で太った

いよいよおもてなし当日レタスクラブキッチンスタジオへ
3品はあらかじめ作って持って来たから余裕なはず!
しかし早速トースターでクルトンを焦がす!
チーン
ギャアアアア
証拠隠滅
完璧
ザッ
ゴミ
様子を見に来た編集さん
なんか焦げ臭くないですか?
即バレただと!?
おつかれさまです～
わー急がなきゃ!
編集さんたち
あわあわ
ドン
なんとかできた!
わー! すごい
以前参加したイタリアン料理教室で習ったあさりのワイン蒸し
連載第2回で参加したスペイン料理教室で習ったタパス
やはり料理の悩みを聞いて頂いた笠原将弘さんのレシピ肉じゃが
以前料理の悩み相談に乗って頂いたヤミーさんのローストビーフのレシピで作ったローストポーク
味が違う
料理上手の友人が料理ベタな人向けに書いてくれたレシピのローストポーク
カマタ母直伝もちチーズ春巻き

…え!? これ全部 私が作ったの…!?
嘘でしょ!?
いや私は20年 料理ベタでやってきたんだ どうせ何か失敗してるはず
どれもおいしい! 突っ込む所がない
えええええ〜〜〜 アイデンティティが 崩壊する!
いや料理ベタを アイデンティティの よりどころにするのがおかしいだろ
あ… この
この「プリプリ海老の もっちもち春巻き」 おいしいです!
そんな名前だったっけ
なんか勝手に名前つけられてる
なんか元気になりました! 作ってもらったものを頂くって 幸せな気持ちになりますね!
そうだ手作りって 体だけじゃなく 心も元気になるよね
お食べ!
私も友人たちが 作ってくれたものを 食べてそれを感じたから おもてなし料理を 作ってみたいって思ったんだ
その上おいしいって 言ってもらうと 作った方も満たされた 気持ちになって 元気になるという
料理ってすごい…
1年以上料理を練習して 技術的にもマインド的にも ちょっとは成長できた気がする
カマタさん さっきから 気になってたんだけど エプロン逆じゃない?
え 嘘!
ほほんとだ! こっちに ポケットがあるー!
全く成長できなかった 部分もあるけど…

2万7千リツイート!?
正月の実家で
おののいた…

お一人さま用おせちを
Twitterに載せてみたら
思いのほかバズッた

さあ食せ…
我が同胞となれ…
何かヤダ…

お一人さま仲間が遊びに来たら
この呪いのおせちを
食べさせることにする

でもこれ食べたら結婚できなそうだな
名実ともに呪いのおせちになりそう

ちなみに食器の値段➡

100円
100円
300円
100円

5章

ひとりぐらしを
よりよく生きる

現在のありさま

まずはイラストレーターになって13年目の私の現状をご覧ください
午前8時 起床
起きた瞬間から死ぬほど疲れている
ぐったり…
午前8時半〜9時 仕事開始
ぐったりしたままパソコンに向かう
午後1時 昼食作りと昼食
（何か考え事をしながら）
仕事
午後2時〜8時 仕事
後半だんだん疲れて集中力が落ち作業のノルマが終わらず長引く
午後8時〜9時 夕食作りと夕食
（何か考え事をしながら）
スケジュール
午後9時〜午前0時くらい
午後集中力が落ちたせいで終わらなかった仕事をやる
暇な時でも何かをする元気がなくだらだらスマホを見てたりする
お風呂入るのめんどくさい…
午前0時〜 入浴
めんどくさがってるうちに深夜に急いで入浴
今日もゆっくり入れなかった…
就寝前
体がガチガチで眠れないのでストレッチ
ギシ… ギシ…
焼け石に水
午前1時〜2時 就寝
寝る瞬間までいろんなことで頭の中がいっぱい
仕事…
この先…
過去…
今日ネットで見た情報…
午前8時少し前
うっすら目を覚ましつつ何かを考えている
今日は何からやるんだっけ…

もう 疲れた
睡眠はちゃんと取ってるのに数年前から一日も頭が休まらない感じがするストレスがたまってやる気も元気も出ない…
今 選挙ポスター作るとしたらこんな感じ
陰気！病気！カマタ！
かまた
みわ
なぜ選挙ポスターを作った
それでも20代の間は意欲的に働けたが年とともに…
←20代の頃 元気で集中力があるから早く仕事が終わる寝たら回復！
←今 集中力が落ちた分長時間働き寝ても心身の疲れが取れず集中力が更に落ち…のループ
あぅ…
こういう時旅行に行くとリセットできることは分かってるけど忙しい時期は無理だしお金もかかるし
他に気軽にできるストレス解消法があるといいんだけど…
でも自分が何をすればストレス解消できるか分からないままどんどんストレスがたまっていき
2008
2011
とうとう限界が近づいてきた
ストレス
ちょちょちょっといったん立ち止まろう無理だコレ
このままじゃいつか限界がくる今後も元気に働き続けるために
こまめにストレス解消する方法を見つけたい！

そうなる原因は何？

私は問題を解決しようとする時
プライベートでも仕事でも
次の手順を踏むようにしています
①原因調査・分析
そうなる原因は何か調べる
②解決策立案
どうすればクリアできるか
具体的な行動をリストアップ
③解決策の実施
④結果の評価
⑤クリア
クリア失敗
①に戻って
その原因を調査
繰り返し
まず問題と
原因を考えてみよう
問題
数年前からずっと
頭が休まらない感じ
体も緊張状態で寝ても疲れが取れず
ストレスがたまり続けている
考えられる原因
疲れが取れないのは…
年のせい…？
でもそれ言っちゃうと
解決しようがないし
つらすぎるので次！
原因その2
まとまった
休みが取れず
リフレッシュの
タイミングがない
これも
今は忙しくて
どうしようも
ないので次！
原因その3
旅行以外で
自分が何をしたら
リフレッシュ
できるのか分からない

みんなどんなことやってるの？

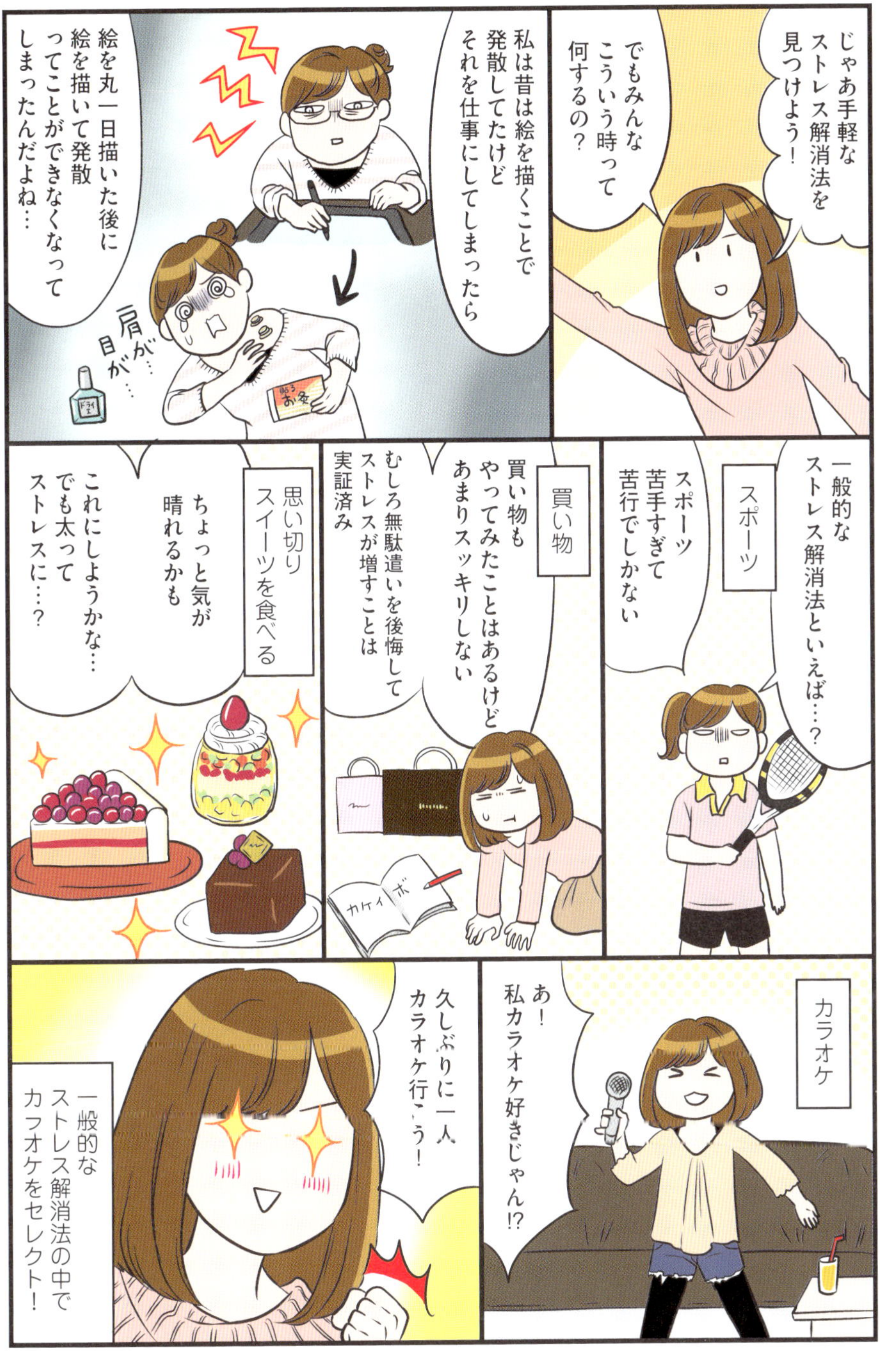

じゃあ手軽なストレス解消法を見つけよう！
でもみんなこういう時って何するの？
私は昔は絵を描くことで発散してたけどそれを仕事にしてしまったら
絵を丸一日描いた後に絵を描いて発散ってことができなくなってしまったんだよね…
肩が…
目が…
一般的なストレス解消法といえば…？
スポーツ
スポーツ苦手すぎて苦行でしかない
買い物
買い物もやってみたことはあるけどあまりスッキリしない
むしろ無駄遣いを後悔してストレスが増すことは実証済み
カケイボ
思い切りスイーツを食べる
ちょっと気が晴れるかも
これにしようかな…でも太ってストレスに…？
カラオケ
あ！私カラオケ好きじゃん!?
久しぶりに一人カラオケ行こう！
一般的なストレス解消法の中でカラオケをセレクト！

一人カラオケ!
チャララララ〜
小雨降れば一人待つニーナ〰〰〰♪
追憶/沢田研二
さて次は…
ゲット・アップ・ルーシー THEE MICHELLE GUN ELEPHANT
次は…
マリーにくちづけ THE YELLOW MONKEY
次…
赤毛のケリー THEE MICHELLE GUN ELEPHANT
ネタが切れてきたぞ
ローラの傷だらけ ゴールデンボンバー
邦楽だがどうやら日本人ではなさそうな女性の名前が入ってる曲縛り〜30代の一人遊び〜

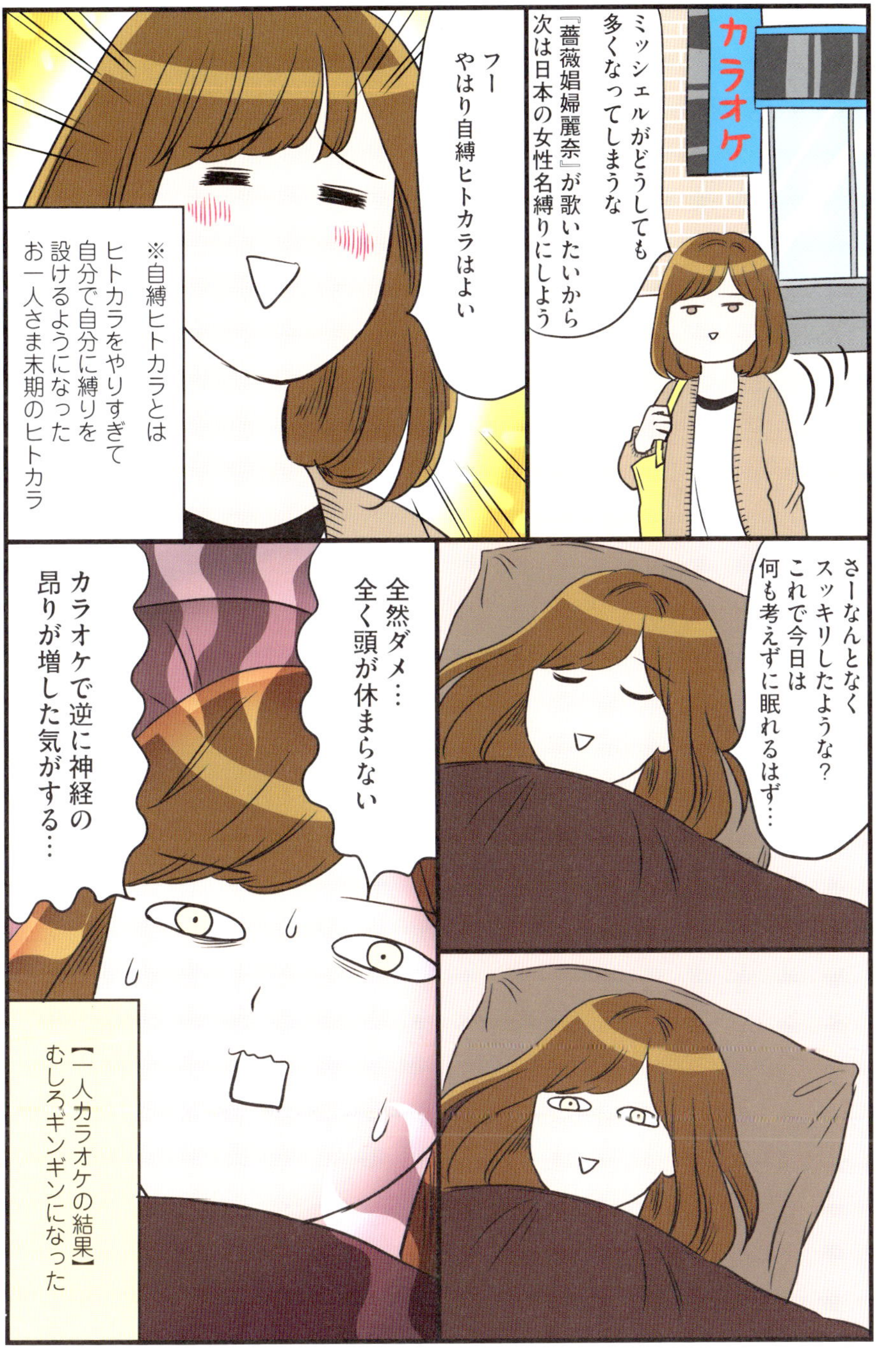
カラオケ
ミッシェルがどうしても
多くなってしまうな
『薔薇娼婦麗奈』が歌いたいから
次は日本の女性名縛りにしよう
フー
やはり自縛ヒトカラはよい
※自縛ヒトカラとは
ヒトカラをやりすぎて
自分で自分に縛りを
設けるようになった
お一人さま末期のヒトカラ
さーなんとなく
スッキリしたような？
これで今日は
何も考えずに眠れるはず…
全然ダメ…
全く頭が休まらない
カラオケで逆に神経の
昂りが増した気がする…
【一人カラオケの結果】
むしろギンギンになった

大声出したらストレス解消になると思ったけど私の場合違うのかな…？
もう一度自分の状態をよく見るところからやり直そう

どう困っているのか(詳細編)

問題(詳細編)
忙しくない時期でもずっと左の状態が続くようになってしまった
□精神的にリラックスできない
□常に何かを考え続けてしまう
□体も常に力が抜けない
□気づくと呼吸が浅くなっている
□寝ても疲れが取れない
□やる気が出ない
引き続きストレスについて調べていたらネットでこんな記事を見つけた
ストレスによる症状のパターン
①落ち込みタイプ
②不定愁《しゅう》訴《そ》タイプ
③イライラタイプ
④痛みが出るタイプ
それぞれの対処方法はこちら！
ほう…ストレスの現れ方にもいろんなタイプがあるんだ？
そしてそれぞれ解消方法も違うのか
私はどれかな
②不定愁訴タイプ
□肩こり
□疲れが取れない
□生理不順
□眠りが浅い
□やる気が出ない
など
まさに「不定愁訴型」だな…

不定愁訴タイプはこのような自律神経失調症の症状が出ます
え!? これって自律神経失調症なの!?
ただ疲れてるだけじゃなく!?
ストレスによって「交感神経」が反応すると全身の筋肉が緊張し呼吸が浅く速くなります
ストレス
交
「交感神経」が過剰に働き続けると自律神経失調症になり様々な症状が出ます
呼吸に緊張…私まさにこれだ!
ストレス反応のタイプによって解消方法も全く違うらしい
例えばイライラ型のストレスに効く運動や騒ぐことは落ち込み型の人には逆効果だったりする
無理に外に連れ出すと逆に疲れてしまうことも…
面白いな～
カラオケは逆に交感神経を刺激しちゃってたのかも…
やみくもにストレス解消法を探すんじゃなく
ストレスによって自分はどんな症状が出てるかをよく見つめてそれに合った方法を探すのが大事だったんだ
ストレス
鏡

ちなみにタイプ別
簡単な解消方法

①落ち込みタイプ
自分が好きなことだけしよう
無理に人と会わない
②不定愁訴タイプ
自律神経が乱れているので整える

④イライラタイプ
体を動かしたり大声を出したりしてスッキリ
⑤痛みが出るタイプ
体を温めて血行をよくする
症状がひどい時には病院へ

自分の症状に合ったストレス発散方法を見つけよう!

私の不定愁訴タイプのストレス反応はまず自律神経を整えよう
「自律神経 整える方法」で検索
おお いろいろあるな～
ツボ押し
日光浴
腹式呼吸
エクササイズ
どれかお手軽そうなやつ…あ これにしよう!
ゆっくりお風呂
そうだ以前はわりとお風呂でリセットできたんだった
最近はゆっくり入れなかったけど

ゆっくりお風呂

何も考えずにゆっくり入浴することで副交感神経が優位になるとのことだよ
よーし
ザブ〜
フー…
……

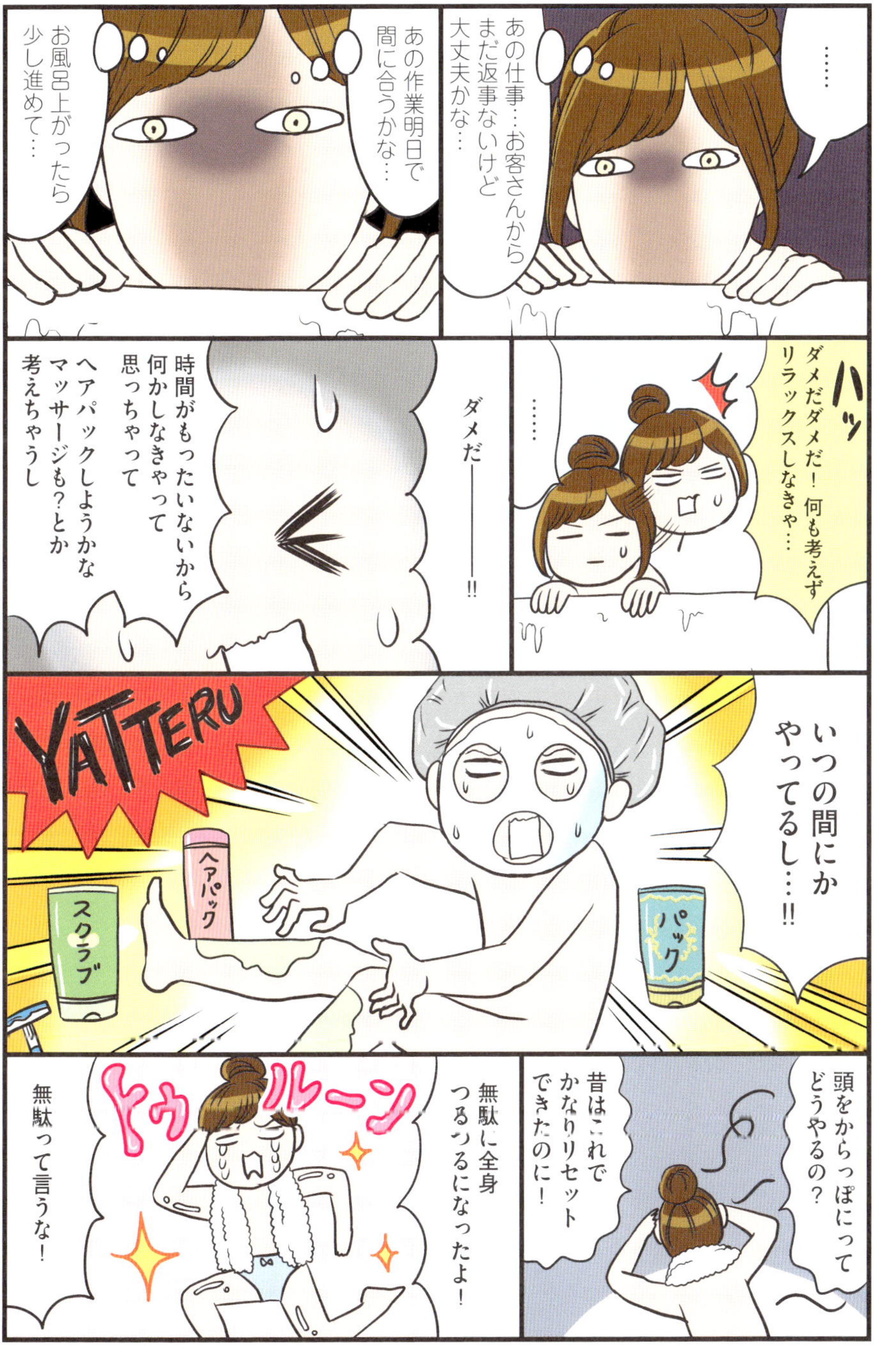
……
あの仕事…お客さんからまだ返事ないけど大丈夫かな…
あの作業明日で間に合うかな…
お風呂上がったら少し進めて…
ハッ
ダメだダメだ! 何も考えずリラックスしなきゃ…
……
ダメだ――――!!
時間がもったいないから何かしなきゃって思っちゃってヘアパックしようかなマッサージも?とか考えちゃうし
いつの間にかやってるし…!!
YATTERU
ヘアパック
スクラブ
パック
頭をからっぽにってどうやるの?
昔はこれでかなりリセットできたのに!
無駄に全身つるつるになったよ!
トゥルーン
無駄って言うな!

漸進的筋弛緩法

以前はリラックスできたお風呂でもダメなんて…なんか怖いんだけど！自分大丈夫なの？
困った私はガチの医学サイトや心療内科のサイトを見始める
見つけた治療法の中で自分でできそうなものをやってみることに
ストレス解消法の域を出てる気がするけど…もしかしたら私は自覚してるよりヤバい状態なのかもしれないから
おはようございまーす
ブラン
漸《ぜん》進《しん》的《てき》筋《きん》弛《し》緩《かん》法…アメリカの生理心理学者によって考えられた方法
ギュッと力を入れる
10秒
ストンと落とす
15〜20秒
これは時々やってるやつじゃん？
1.2…
ギュッ
あれ？10秒って結構長いな？いつもやってるのは2秒くらいだった
ストン
1、2、3、4…
20秒も長いな！いつもは時間を置かずにまた肩ギュッてしてた
じわっ
ストンの後にじわあ…って血が巡る？感じが面白いな…

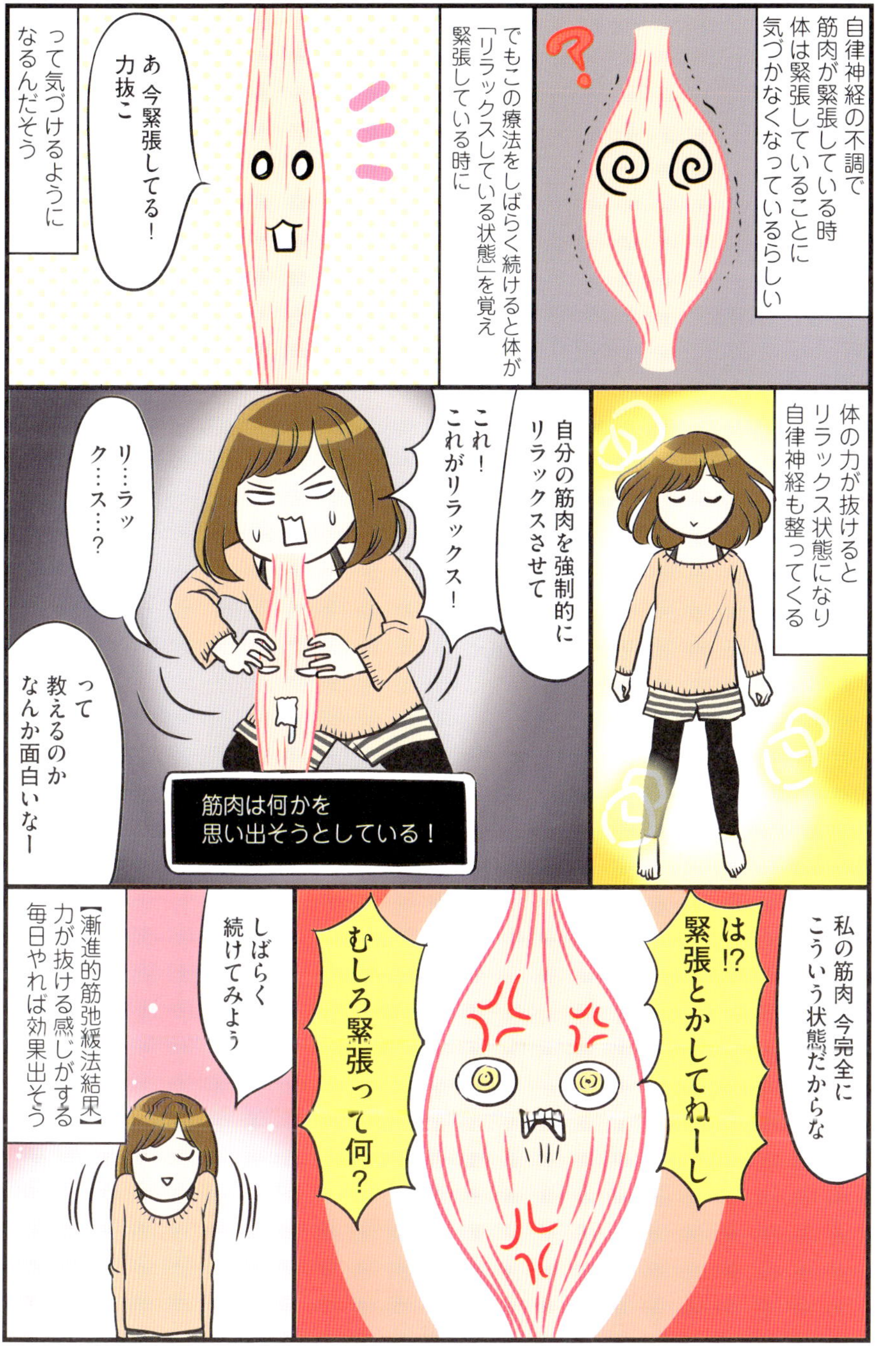
自律神経の不調で
筋肉が緊張している時
体は緊張していることに
気づかなくなっているらしい
?
でもこの療法をしばらく続けると体が
「リラックスしている状態」を覚え
緊張している時に
あ 今緊張してる！
力抜こ
って気づけるようになるんだそう
体の力が抜けると
リラックス状態になり
自律神経も整ってくる
自分の筋肉を強制的に
リラックスさせて
これ！
これがリラックス！
リ…ラッ
ク…ス…？
って
教えるのか
なんか面白いなー
筋肉は何かを
思い出そうとしている！
私の筋肉 今完全に
こういう状態だからな
は!?
緊張とかしてねーし
むしろ緊張って何？
しばらく
続けてみよう
【漸進的筋弛緩法結果】
力が抜ける感じがする
毎日やれば効果出そう

肩だけじゃなくて全身できるよ
調べてみてね

自律訓練法

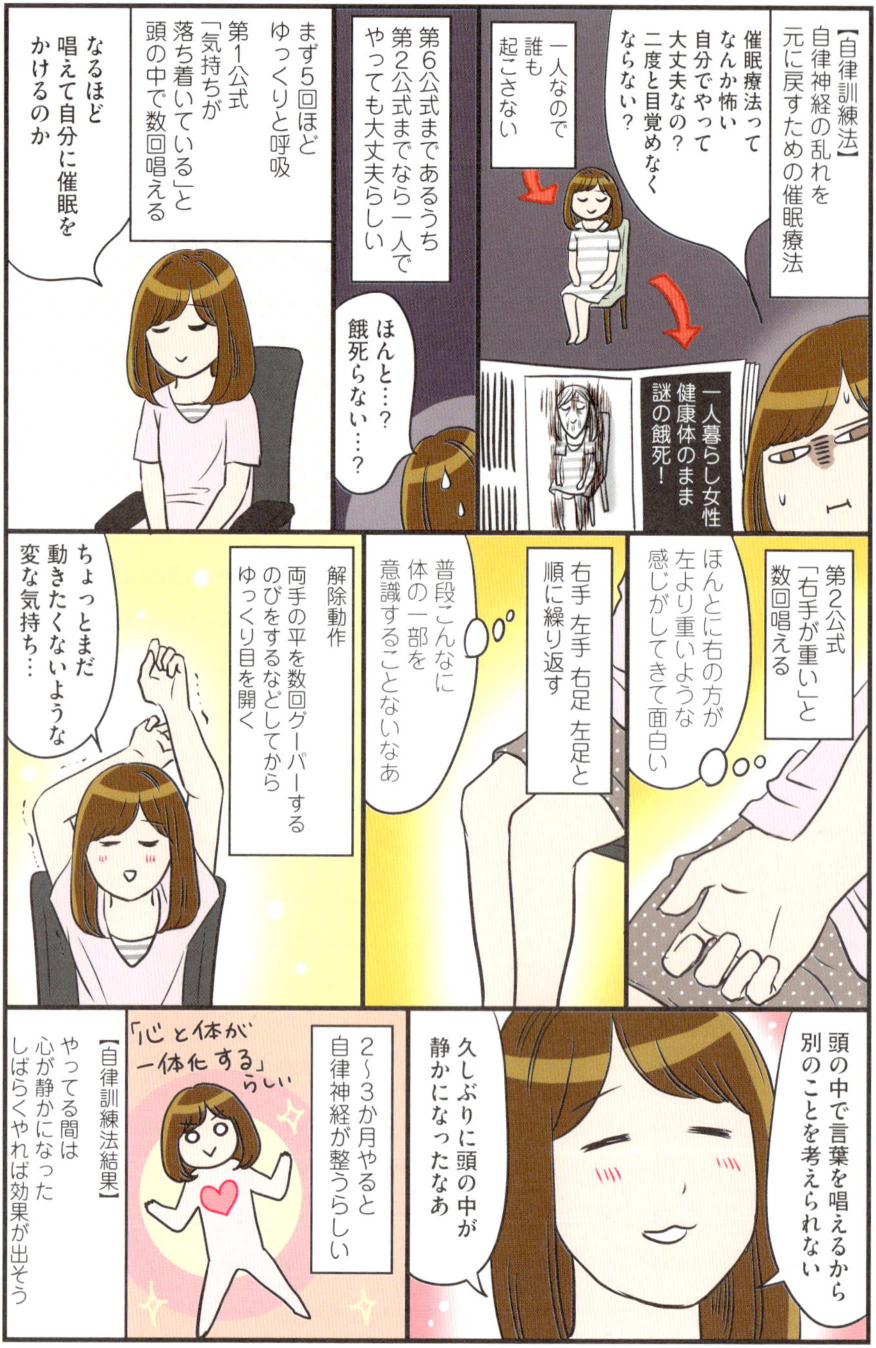
【自律訓練法】自律神経の乱れを元に戻すための催眠療法
催眠療法ってなんか怖い自分でやって大丈夫なの？二度と目覚めなくならない？
一人なので誰も起こさない
一人暮らし女性健康体のまま謎の餓死！
第6公式まであるうち第2公式までなら一人でやっても大丈夫らしい
ほんと…？餓死らない…？
まず5回ほどゆっくりと呼吸
第1公式「気持ちが落ち着いている」と頭の中で数回唱える
なるほど唱えて自分に催眠をかけるのか
第2公式「右手が重い」と数回唱える
ほんとに右の方が左より重いような感じがしてきて面白い
右手 左手 右足 左足と順に繰り返す
普段こんなに体の一部を意識することないなあ
解除動作
両手の平を数回グーパーするのびをするなどしてからゆっくり目を開く
ちょっとまだ動きたくないような変な気持ち…
頭の中で言葉を唱えるから別のことを考えられない
久しぶりに頭の中が静かになったなあ
2〜3か月やると自律神経が整うらしい
「心と体が一体化する」らしい
【自律訓練法結果】
やってる間は心が静かになったしばらくやれば効果が出そう

芝生で夜ヨガ

友人に誘われ
神宮球場スタジアムの
「夜ヨガ」に参加しました
明治神宮野球場
ヨガも自律神経に
効くらしいし
参加費は無料！
普段は入れない
球場の芝生の上での
ヨガレッスン
解放感〜
まずは仰向けになり
手足を遠くに伸ばします
ぐいーーっ
ビキッ
うっ
やばい 足つった
開始1分で右足が
おシャカになっちまった
ややめろ
足を伸ばす系は
やめてくれ
右足に
爆弾抱えてんだ
こっちは
↑
右足
立ててる

そうそう…こういう動きならよし
うぐっ またしても…
右足爆発するー!全員道連れにされてーのか
正しい形
立ててる
しかしやがて体が温まって右足の痛みも消えた
ヨガってとっても気持ちがいいですね!!
脳内はあまりリラックスできなかったけど体はゆるんだ
あと非日常を味わえたのもよかった
そっか旅行じゃなくても非日常を味わえればストレス解消になりそう
【芝生で夜ヨガ結果】体の力は抜けた非日常感がストレス解消になりそう
外野フライを見事キャッチする(妄想)シーンを撮ったりして遊んだ

瞑想にチャレンジ

友人が瞑想の本を貸してくれた
かんたん 瞑想
医療サイトで見た自律神経失調症の治療法の中に瞑想もあったな
自律訓練法と瞑想は似てるのかな?と思っていたけど全く別ものらしい
【自律訓練法】自分をコントロールする手法 心の中で「心が落ち着いている」「手が重い」など唱えることで落ち着かせる感じ
落ち着いている
重い
【瞑想】自分をコントロールするのではなくあるがまま捉える何も唱えない
瞑想もなんとなく怪しいな… それにもし私に才能がありすぎて地面から2、3センチ浮いたらどうしよう
摩擦がなくなって音速で移動できてしまう可能性があるぞ
リニアモーターカマタ
それはそれでいいか まず10分瞑想をやってみよう
タイマーセット
タイマー 10m00s
瞑想は何も考えないようにするんじゃなく
考えが浮かんでもそれを無理に消そうとしたりせず追いかけもせず
「今○○って考えてるな」ってあるがままを捉えればいいのね
ではスタート
……

これ終わったら次
メール返さなきゃ
小腹すいたな
なんか食べるもの
あったっけか
ていうか洗い物
たまってるなー
甘い物がいい
10分なげー
早く終わらないかな
首痛い
首傾いてない？
腰反ってない？
爪切りたい
この姿勢で
合ってるのか
なげー早く終わらないかな
頭ん中うるせ――――!!
雑念にも
限度があるだろ！
こうなったら
小腹を満たして
洗い物して
爪切って
ストレッチして
首ほぐして
メール返して
さーこれで
雑念の申し子のような
私でも心置きなく
瞑想できるだろ！
タイマーをセットして
10分瞑想再チャレンジ！

……
広末涼子
トリカブト
危険
おだんごです
スープ行きまーすって言ってた頃の広末涼子
鶏のカブト煮
危険じゃない
本当におだんごなので通ってもいいですか
よし通れ
おくりびとの時の広末涼子
打ち消さない…でも追いかけないただ見る…
いやおだんごじゃないなおだんごじゃないなこれ

なんだこの生き物
どういうコンセプトだ
ボヨン
ボヨン
ボヨンボヨン
すんな
いや追いかけちゃ
ダメなんだ
あるがまま…
リーガルハイの時の
広末涼子
米倉涼子
篠原涼子
国仲涼子
広末涼子
4大涼子
数字
持ってる順?
ビョン
何やっ…!
ああ
そういう…
地域の活動的な…
そういう
やつなら うん…
いいと思うよ
横断中
これから
家族3人で
暮らしていこう
誰だお前ら!!

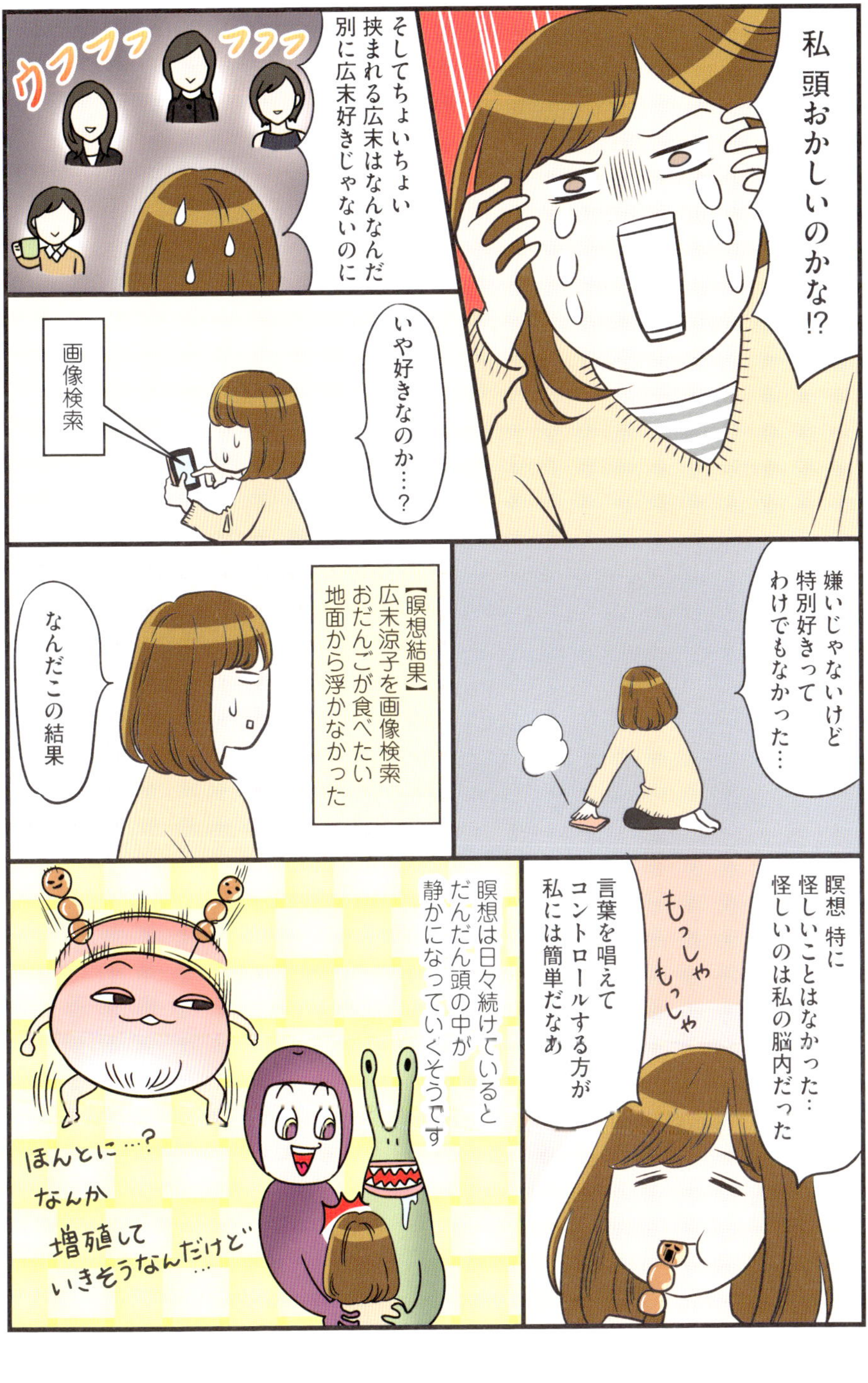
私 頭おかしいのかな!?
そしてちょいちょい挟まれる広末はなんなんだ
別に広末好きじゃないのに
ウフフフ フフフ
いや好きなのか…?
画像検索
嫌いじゃないけど
特別好きって
わけでもなかった…
【瞑想結果】
広末涼子を画像検索
おだんごが食べたい
地面から浮かなかった
なんだこの結果
瞑想 特に
怪しいことはなかった…
怪しいのは私の脳内だった
もっしゃ もっしゃ
言葉を唱えて
コントロールする方が
私には簡単だなぁ
瞑想は日々続けていると
だんだん頭の中が
静かになっていくそうです
ほんとに…?
なんか
増殖して
いきそうなんだけど…

自分で気づいてたけど気づかないふりをしてたアレ

自分のストレス症状が自律神経失調症と知ってから一つ思い当たる原因があった
けどいったん見ないふりをした
それは…
スマホ
私はネット依存になるのが怖くてギリギリまでガラケーを使っていたのだがとうとうスマホに買い換えたら予想通りの依存コース
チュンチュン…
寝る直前も起きた直後にも毎日見てしまっていたのだ
スマホの見すぎが自律神経によくないってことは知ってる
でもやめられない…！
お菓子を食べないって決めても家にあったらあるだけ食べてしまう女
それが私
ポテト
みんなお菓子もスマホもどうして自分を律することができるの!?
私自分を律する心も自律神経も律する系全部死んでるんだけど！
家にお菓子を置かないようにするしかないのと同じで物理的にどうにかするしかない
格安スマホに買い換えるタイミングで今までのデータ使用量よりずっと少ないコースに変更！
血の涙
そして早速制限がかかった
だよね
通信容量超過のため高速通信規制中

【スマホ離れ結果】もう少し時間をくれ

結果の評価まとめ

このように自律神経を整える方法の中で気軽にできそうなものをかたっぱしからやってみた
他にも
呼吸法
シロダーラ
おでこにオイルをたらし続ける
寝ながらヨガアプリ
でも長年のストレス状態からいきなり全快するわけがなく
「向いてるかも」って思ったものを絞り込んで日々続けていった
私の場合は筋弛緩法自律訓練法がやりやすかった
右手が重たい
が重たい
寝る前と起きた時のスマホをなんとかやめられた
外出時とかどうしても必要な時にデータ使用量オーバーしたら困るからね！
瞑想はどうしても難しくてやらなくなってしまったでもできたらかっこいいのでいつか再挑戦したい
趣味？瞑想ですけど
2か月ぐらいすると少し体や精神がラクになってきた
あ今頭の中がすっきりしてる
深く眠れた
そして起こった変化
なんか楽しいことしたい…！
見たかった映画とか行きたかったイベントとか

やっと見つけた！ 私の場合のストレス解消法

やっと「楽しいこと」をする元気が出てきたのだ
なんかこの「何しようかな?」ってワクワク感久しぶり！ 懐かしい！
前は「本も映画も見たくない…」って感じだったのに
……
……
読みたくて買ったはずの本…
ていうか私楽しいことをする元気がなかったのか…
だいぶ末期だったんだな…
私の場合頭も体もガッチガチになり体調もすぐれないタイプのストレス反応が多い
①まず自律神経を整える系のことをする効果が出るまでやり続ける
②そしたらやっと「楽しいこと」をする元気が出るので楽しいことをする
③気持ちも上向きリフレッシュ完了！って順番が多いことが分かった
キャラーーン
ちなみに自律神経失調症の症状はなくイライラ系のストレスのみの場合はカラオケが効いた
娼婦麗奈

その後も解消法を試し続け
失敗や成功を繰り返しながら
最終的にこんなチャートが完成した

経験により導き出された手軽なストレス解消法チャート（あくまで私の場合）

症状のタイプ

- 2番目に多い **落ち込みタイプ**
  - 身体的な不調はないが元気が出ない
  - （落ち込み＋不定愁訴の場合は不定愁訴タイプの発散方法を先に試す）
  - → 一人で好きなことをする解消法
    - **落ち込みレベル高**
      - ●自然を見る
      - ●動物を見る
    - **落ち込みレベル中〜低**
      - ●好きな場所や行きたかった場所へ行く
      - ●読みたい本やマンガ、映画などのコンテンツを摂取する
      - ●欲しかったものを買う
      - ●美味しいものを食べる
      - ●非日常感を味わえることをする
- 私に1番多い **不定愁訴タイプ**
  - ●頭の中がいつも忙しい
  - ●体の力が抜けない
  - ●疲れが取れない
  - ●肩、首、頭のコリ
  - ●呼吸が浅い
  - → 自律神経を整える解消法
  - より重い症状が出ている場所
    - **主に頭の中が大変**
      - ●自律訓練法
      - ●瞑想（まだちゃんとできないけど…）
      - ●呼吸法
      - ●ヨガアプリを使って眠る
      - ●一日スマホ離れ
    - **主に体が大変**
      - ●筋弛緩法
      - ●お風呂にゆっくりつかる
      - ●ヨガやストレッチ（ヨガやお風呂でも頭をからっぽにできればいいんだけどまだ私にはできない…）
      - ●ウォーキング
      - ●日光浴
  - 両方大変だったら両方どんどんやってみる
- まれにある **イライラタイプ**
  - 体の不調はないがとにかくイライラする
  - → スカッとする解消法
    - ●カラオケ
    - ●（感動系の映画などを見て）ギャン泣き
    - 体を動かすのが好きな人はここにスポーツなど入ってくると思う
    - 私は運動苦手なのでここの解消法が乏しいのが課題
- めったにないけど **痛みが出るタイプ**
  - ●腹痛
  - ●頭痛など
  - ●体の痛み
  - → まずは体を休める
    - ●カイロや入浴で温め血行をよくする
    - ●痛み止め飲んでがっつり寝る
    - ●あんまりひどければ病院へ

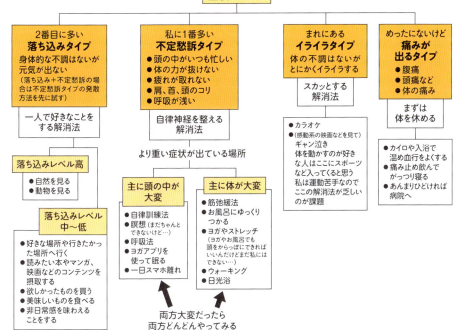

それでやや改善したけど
まだ治らない時は
眠れるようになったけど
やる気は出ない…
落ち込み型〜〜
チャートの上に戻って
今の症状に合ったことをやる
それの繰り返しで
少しずつよくなった
テンション上がってきた！
私みたいにストレス解消が下手で困っている人は試しに自分のチャートを作ってみてほしい！
「落ち込みタイプ・中〜低」の「行きたい場所」「やりたいこと」もいざ落ち込むと思い出せないことがあるから「やりたいことリスト」を作っておくのもおすすめ
作るのも楽しい
やりたいことリスト
行きたい場所
読みたい本
見たい映画
ストレス解消が下手ででも何も調べずに何年もただ「ストレスがたまってる〜つらい〜困った〜」ってやってた私が
「今の自分の状態」をよく見てそれにふさわしい「解消方法」を都度選ぶというよりよく生きるテクを身に着けた！
お一人さまレベルがアップした！
ストレス

一人暮らしの防災

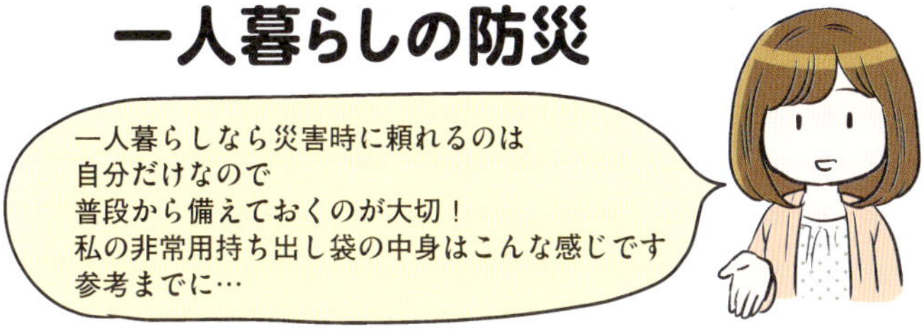

30代お一人さま（♀・超冷え性・虚弱・視力0.1以下）の非常用持ち出し袋の中身

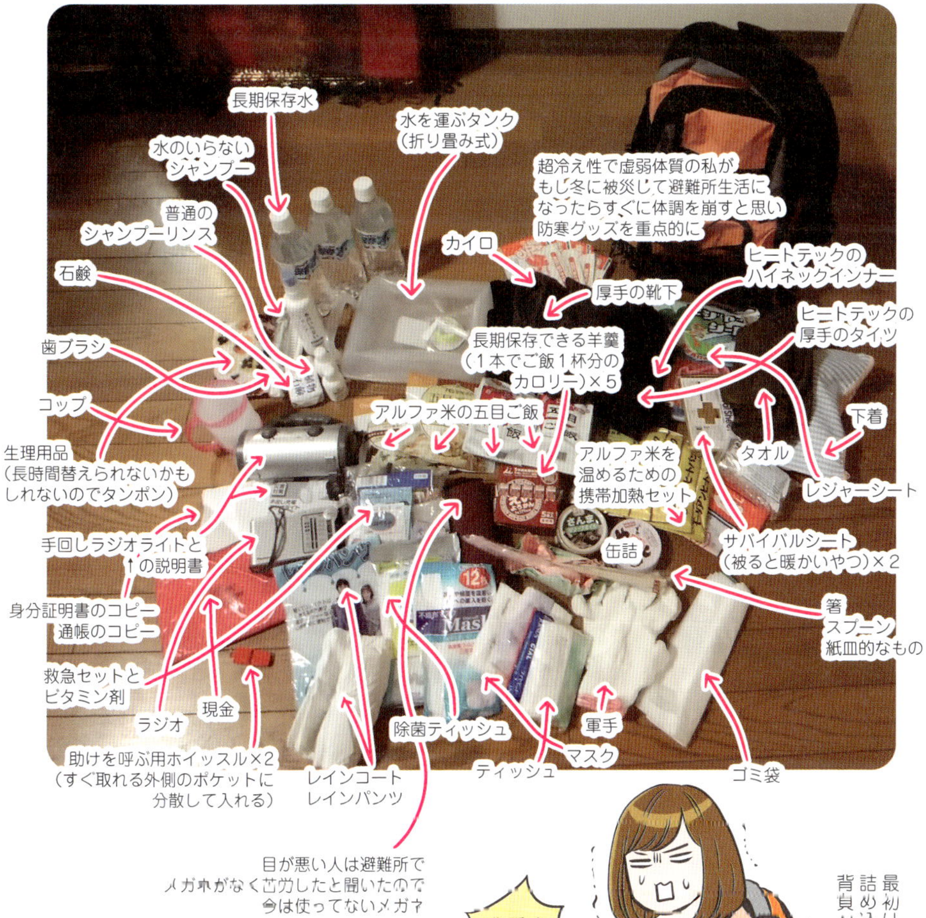

これらが入ったリュックと寝袋を
玄関のすぐ取れる場所に置いています
自分なりに調べて揃えたけど
まだ必要なものがあるかも
引き続き調べたり入れ替えをしたり
していこうと思います

このへん加えたい
簡易トイレセット

今回中身を確認してみて
賞味期限切れのものがあったので反省
定期的にチェックしなきゃ
いけないなと思った

缶詰の賞味期限2年過ぎてる
やきとり

何かの下敷きになった時など
助けを呼ぶ用にホイッスルは
リュックの外側のポケットの
別々の場所に複数入れてます

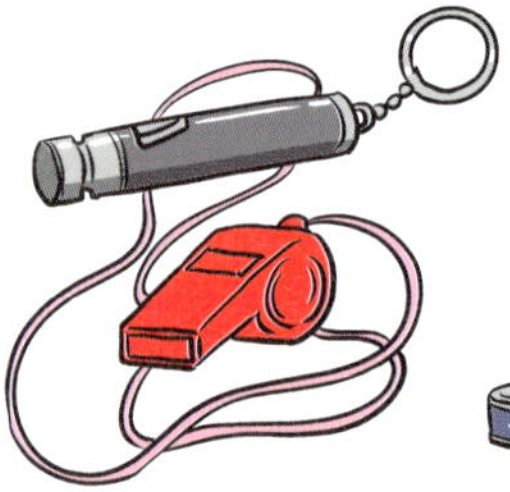

寝る時は手が届くところに必ず
スマホとメガネ
本当はすぐ履ける靴も
置くといいんだけど
靴を室内に置くのはなかなか…
そのまま外に出られそうな
底の分厚いルームシューズを
探してみようかな

玄関にも
スポッと履ける
底の厚い靴を

それから
寝袋！

ほんとに寒がりで…
怯えるままに耐寒温度-20℃の
雪山用寝袋を買ってしまった…

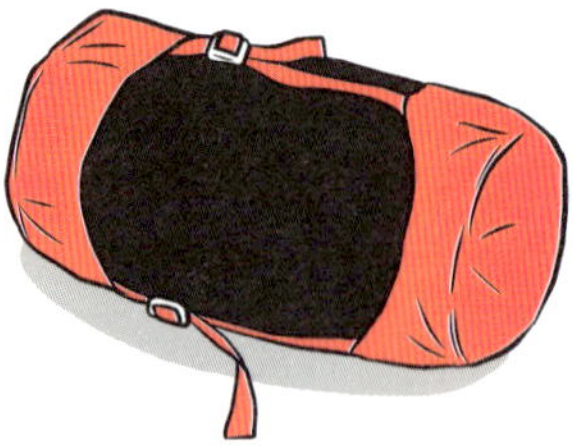

一人暮らしだと特に
被災が怖いけど

備えてイメージしておくと
少し心が落ち着くという効果も…

6章

私の人生を彩る愉快な他者

いっそ清々しい

先日の合コンの後誰からも連絡来なかったなあ…
そうだ！またみんなで飲みましょうって合コンのＬＩＮＥグループで誘ってみよう
翌日
全く返信がないな…
さりげなく返事を催促するか…
au 4G
12:20
合コンメンバー(14)
男性陣～！お返事してー！
合コンメンバー(14)
たとえ逃げても地の果てまで追い詰めますから諦めてくださいね！
12:20
既読13
まさかの全員既読スルー…!!
トーク画面がお通夜みたいになってしまった…！

すると合コンメンバー女子の一人から返信が！
A子
カマタさん！これ読んで参考にして！
http://xxxxxx.xxx/xxxxxx/
ん？何このリンク？
クリックしてみた
気になる男性から絶対にLINE即レスをもらえるテクニック10パターン！
LINEで気になる男性に既読スルーされた！返信がなかなかもらえない！って悩んでるあなたのために絶対に返信をもらえるテクニックをご紹介！
「気になる男性から絶対にLINE即レスをもらえるテクニック！」だと!?
なになに「落ち込んでいることをほのめかす」「緊急、至急などの言葉を使う」「『今パジャマで…』のように男性の想像力を刺激する」…
世の女子はこんなテクを…!?
勉強になる！
これらのテクを参考に…これでどうだ！
スイスイ
スススイ
4G
15:31
合コンメンバー(14)
【緊急!!】
すごく落ち込んでる上に
今全裸です！！！
返信下さい！！！
5:31
※イメージ

おう 依然無反応だな…
もっと他のテクも盛り込んだ方がいいのか？
他にはどんなテクが？
「『電車の乗り継ぎが分からない』など相手を頼る」
「『助けて！』など不安をあおる」
なるほど！ 勉強になりすぎる!!
これでどうだ!! 送信!!
スススッ
ターン
15:40
95%
合コンメンバー(14)
【至急！！】
すごく落ち込んでる上に
今全裸なんですが、
電車の乗り換えが
分からないんです！助けて！
※イメージ
南北線
東西線… どこ…
SOS
依然ノーレス… なんでだ
すごい謎
女性陣からツッコミは入った

不思議な店員

ハーブティーください
私は紅茶で
お待たせー
後から一人遅れてきた
お疲れー
あれ 最初の2人分のおしぼりがない
ス
すいません おしぼりあと2つ いただけますか
ホットコーヒー2つですね？
違います おしぼりです
1文字も合ってないだろ！

よかった
おしぼりもらえた…
ふきふき
お待たせしましたー
ホットコーヒー２つ
お待たせしました！
いや
ハーブティーと紅茶!!
その謎の
ホットコーヒー押し
なんなの!?

なんでだよ!!さっき「違います おしぼりです」て訂正して、
ちゃんとおしぼり２つ持ってきてくれてからの
その追いコーヒーなんなんだよ!!

だっこ

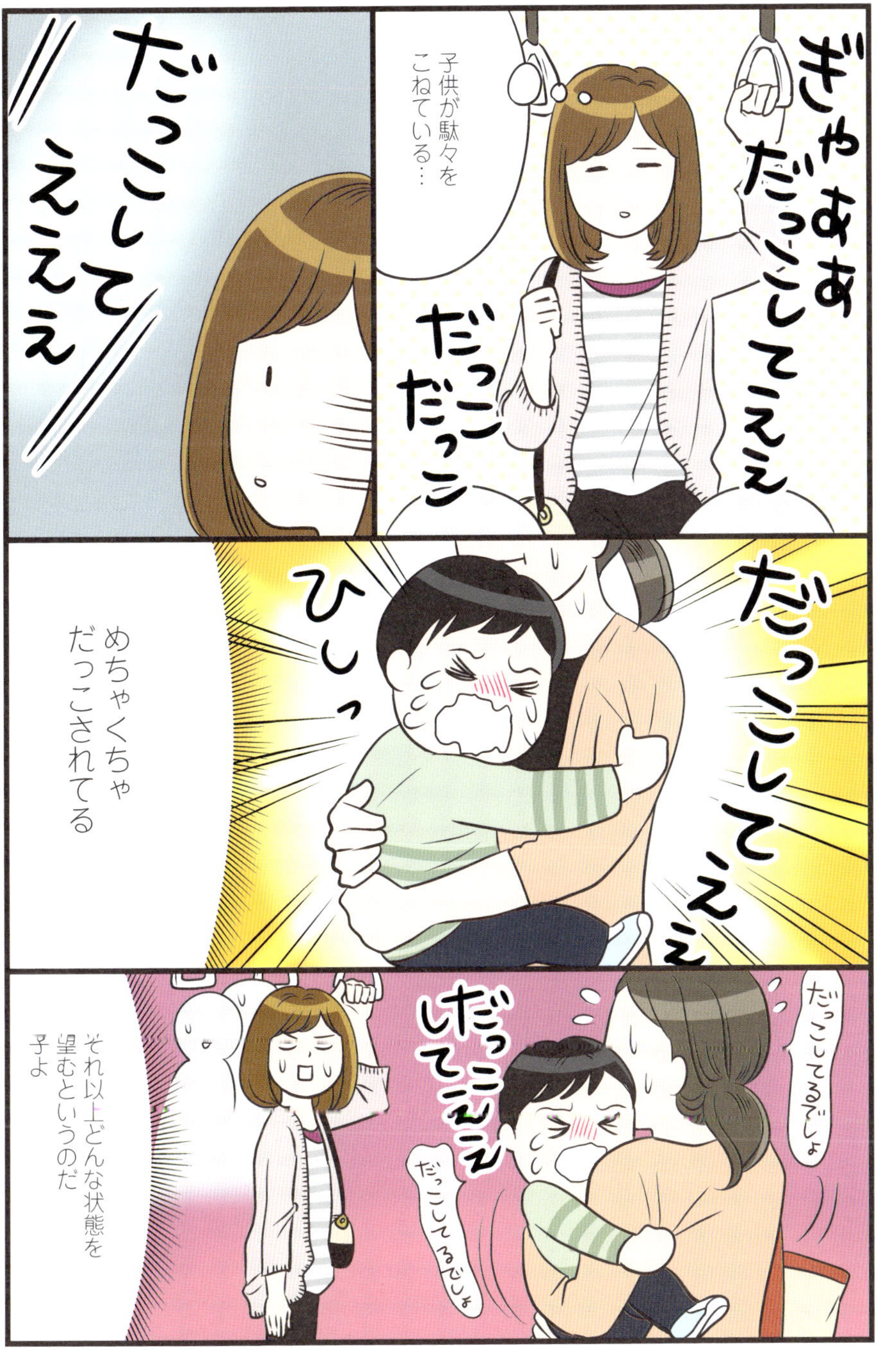

ぎゃああ
だっこしてぇぇ
子供が駄々をこねている…
だっこ
だっこ
だっこしてえええ
だっこしてぇぇ
ひしっ
めちゃくちゃだっこされてる
だっこしてるでしょ
だっこしてぇぇぇ
だっこしてるでしょ
それ以上どんな状態を望むというのだ子よ

だっこ続き

びゃあああ
だっこだっこしてぇぇぇ
ひんひんっ
ぶわっ
あひゃあ
ひそひそひそ
あひゃ
あひゃはぁでへぇ
あひぃ
何をささやいたのお母さん
そんな鉄板ネタ私も聞きたい

母の分析

だっこされてるのに
だっこしてええ
っていう子がいたんだよー
アハハ
母
物理的な意味じゃなくて精神的なだっこってことかしら…!?
精神的なだっこ!?
「まだ心まではだっこされてない」みたいな…!?
心までだきしめてえええ
J-POP感がすごい

コンビニのおじいちゃん

いらっしゃいませー
あ 店員が若者からおじいちゃんに変わってる
あっ 焼き鳥 今食べないのにあったためちゃった…
ま まあいいか…
無言
ブイーーン
ありがとうございましたー
どうして一番小さい袋3つに分けたの おじいちゃん!?

卵パックを小さい袋に無理に入れるから完全に縦になっててすごいはみ出してた
エコ…?
……
Ojimart

コンビニのおじいちゃん その2

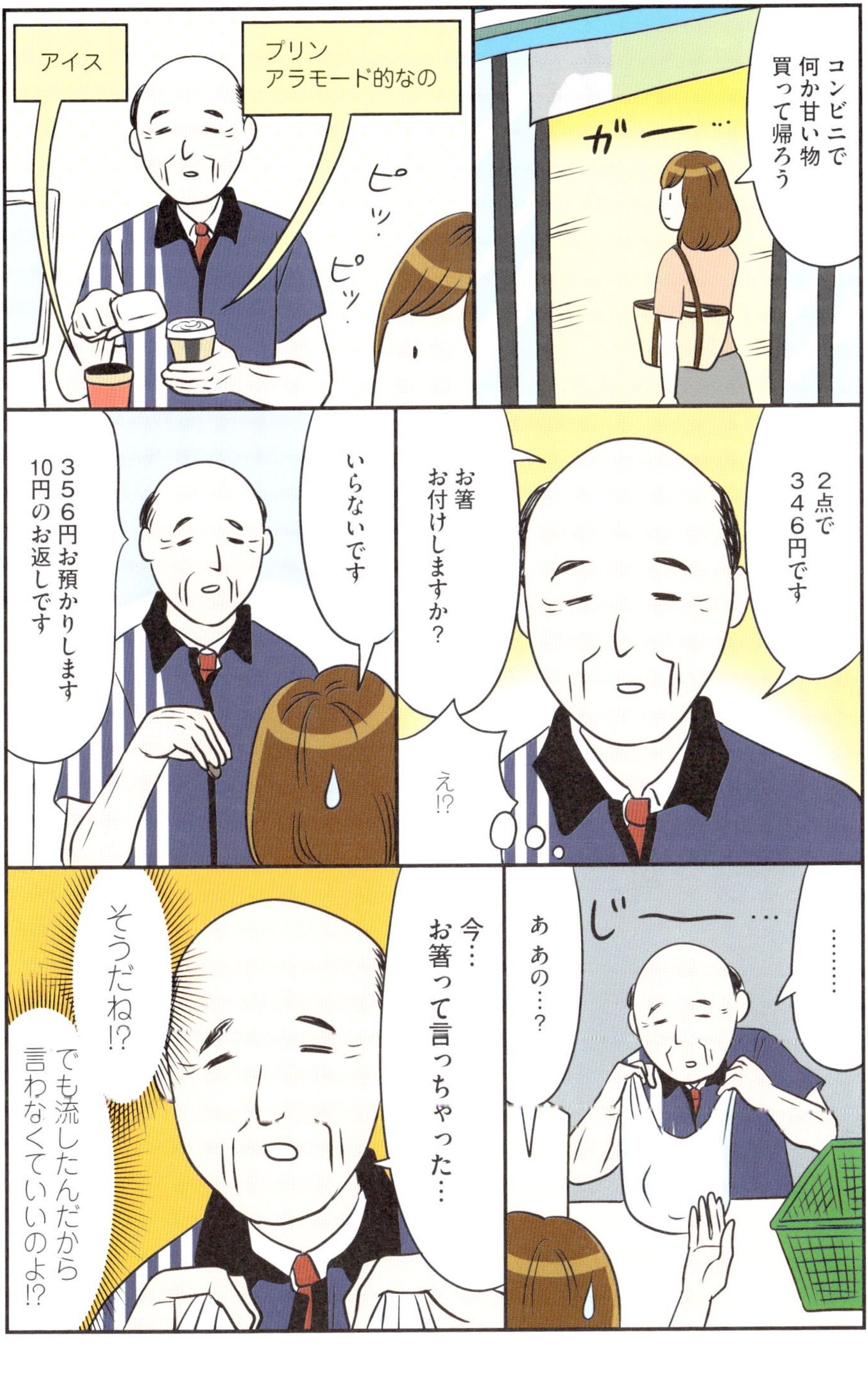

コンビニで何か甘い物買って帰ろう
ガー…
プリン
アラモード的なの
アイス
ピッ
ピッ
2点で３４６円です
お箸お付けしますか？
え!?
いらないです
３５６円お預かりします
10円のお返しです
………
じーー…
ぁあの…？
今…お箸って言っちゃった…
そうだね!?
でも流したんだから言わなくていいのよ!?

夜道で一瞬怖かったこと

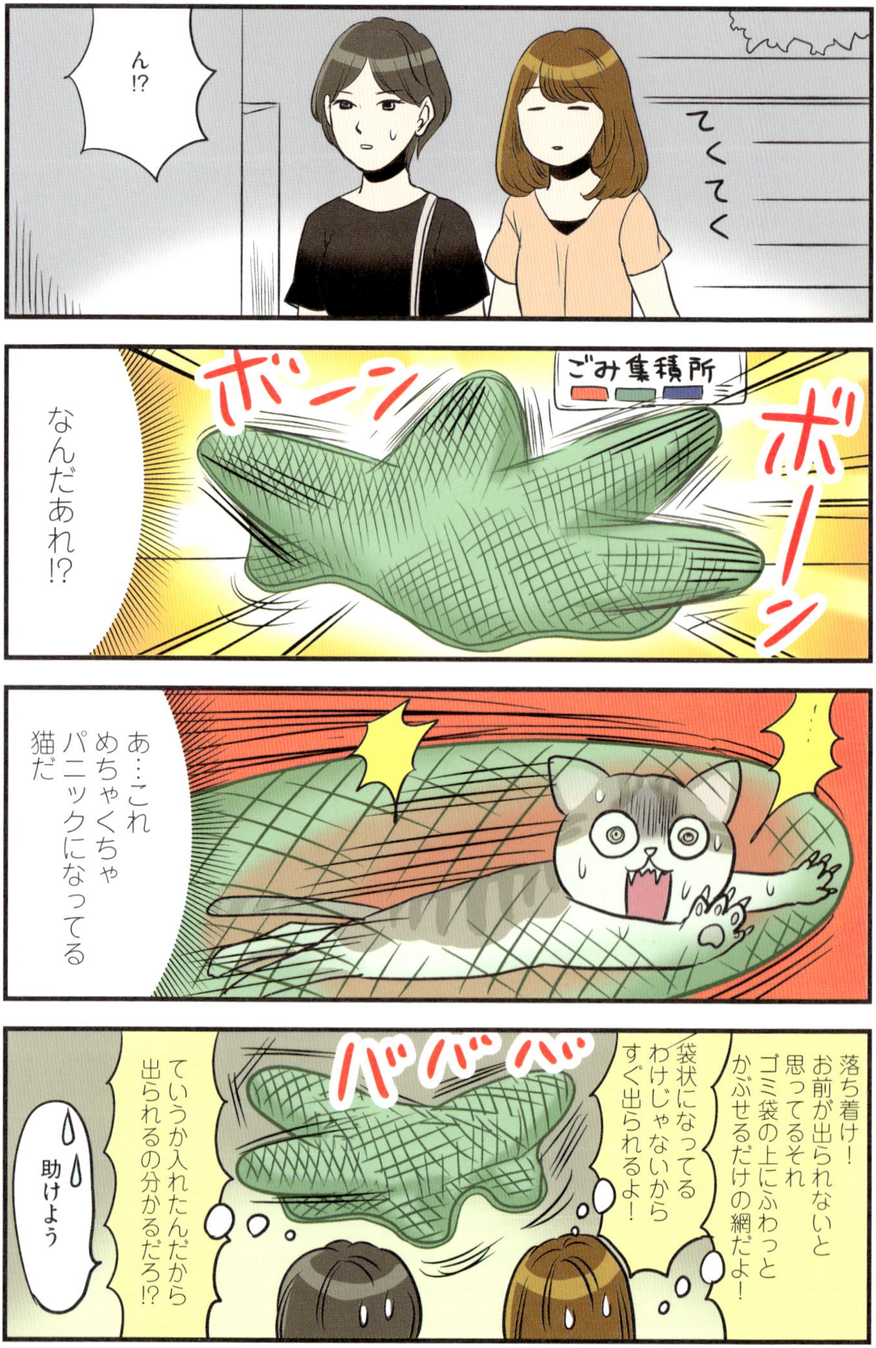
てくてく
ん!?
ボーン
ごみ集積所
ボーン
なんだあれ!?
あ…これ
めちゃくちゃ
パニックになってる
猫だ
落ち着け！
お前が出られないと
思ってるそれ
ゴミ袋の上にふわっと
かぶせるだけの網だよ！
袋状になってる
わけじゃないから
すぐ出られるよ！
バババ
ていうか入れたんだから
出られるの分かるだろ!?
助けよう

アホ猫アホ可愛いよ…厳しい野良の世界を生き抜いていけるのか心配だよ…
でもあの逃げっぷり、「あいつらに閉じ込められたニャ！」って思われてる可能性ある

アホ猫を助けた結果

ピンポーン
ガチャ
インターホン→
はーい？
こんばんは…
あの時助けていただいた猫です…
ま まじか
ガチャ
ニャア
で でっかくなったね…
なんか友達があの時の猫として遊びに来る

しかもお土産に
買ってきてくれたのが
お赤飯
ぎんなん入りおこわ
高野豆腐とお豆の煮物
というセレクトだったので
より強まる日本昔ばなし感
もしくはごんぎつね感

アホ猫
おまいだったのか…
そうだって
言ってるニャ…

近所の八百屋の前で見た女子中学生

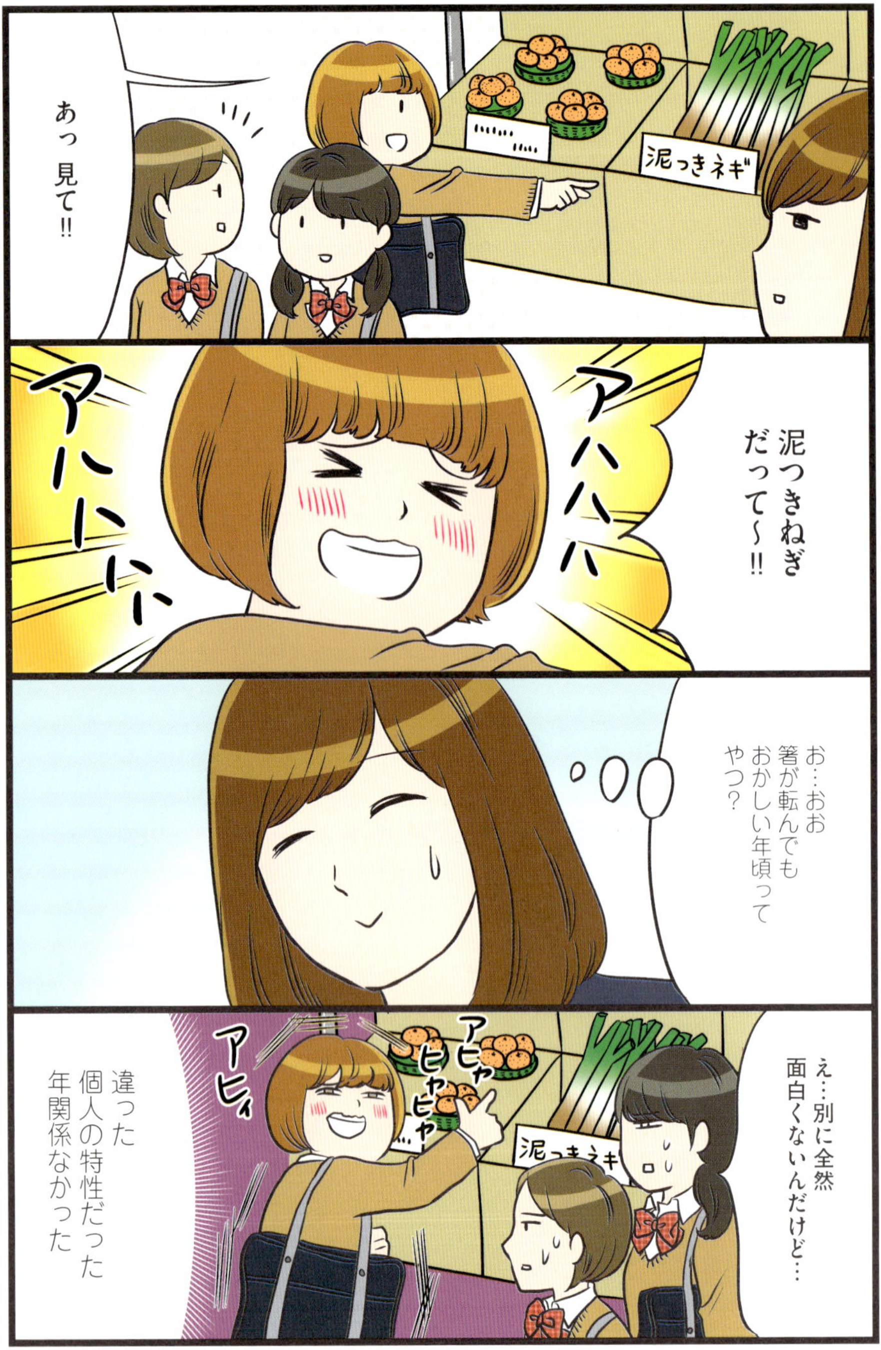

あっ 見て!!
泥つきネギ
泥つきねぎだって〜!!
アハハハ
アハハハ
お…おお 箸が転んでもおかしい年頃ってやつ?
え…別に全然面白くないんだけど…
アヒャヒャヒャ
アヒィ
違った 個人の特性だった 年関係なかった

いいな〜この子、何言っても笑ってくれそう。
でも逆に、周りの全員が笑うギャグとかで一人だけ真顔のような気もする

満員電車のひと時

ギュム
ウゥ
うぐぅ 久しぶりの満員電車…
フラ
フラ
あ お姉さんのつかまる場所がない…
すすす
あの…つり革一緒につかまってもいいですか
どうぞどうぞ!
ウフフ
フフフ‥
ぎゅうぎゅうの満員電車がなんだか楽しい帰り道になった

私の不自然な動きに、お姉さんが
気を使ってくれたのかもしれないけども！なんか楽しかったです！

試食にて

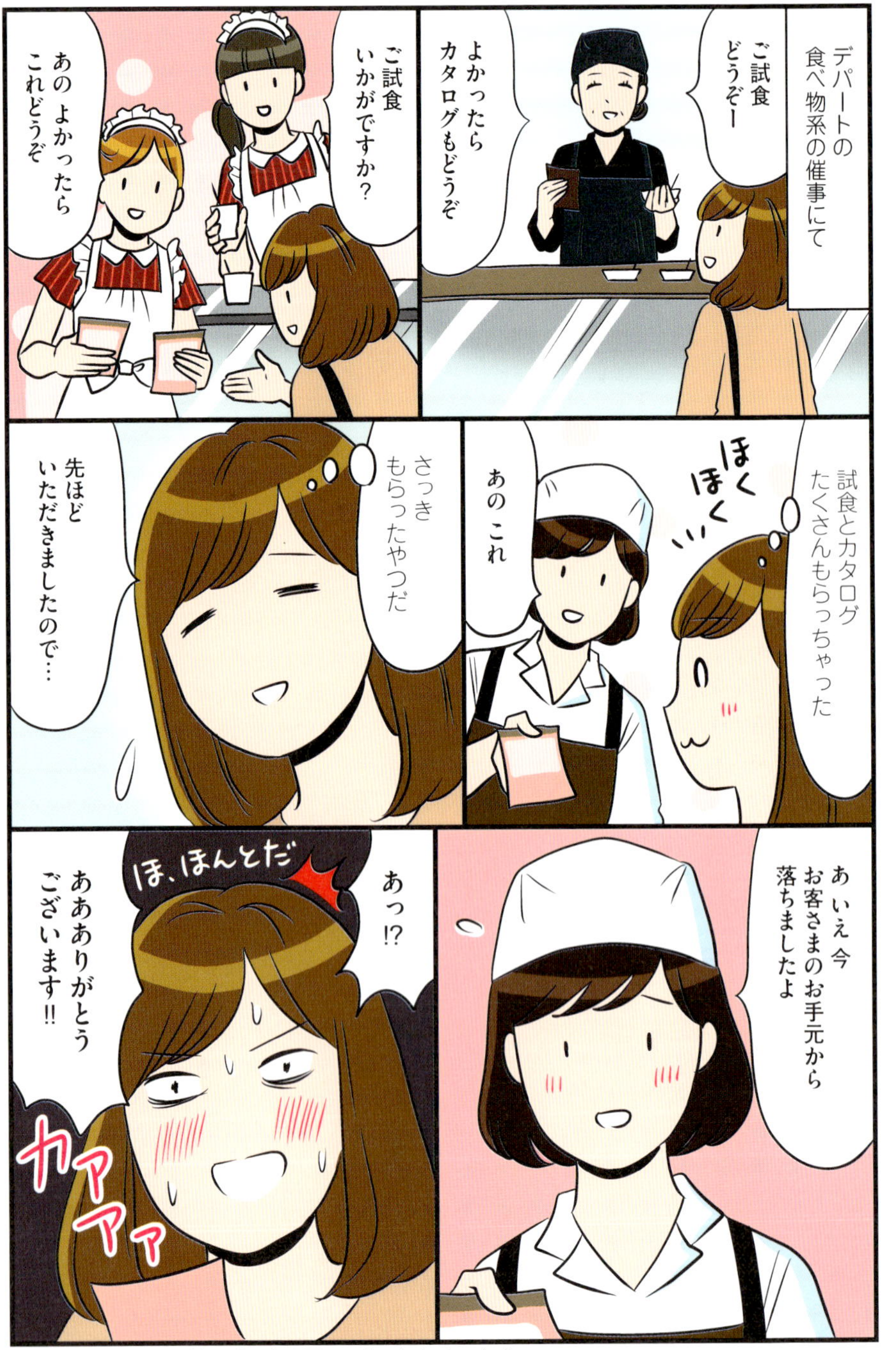

デパートの食べ物系の催事にて
ご試食どうぞー
よかったらカタログもどうぞ
ご試食いかがですか？
あの よかったらこれどうぞ
試食とカタログたくさんもらっちゃった
ほくほく…
あの これ
さっきもらったやつだ
先ほどいただきましたので…
あ いえ今お客さまのお手元から落ちましたよ
あっ!?
ほ、ほんとだ
あああありがとうございます!!
カァァァ

あああああ〜〜〜〜〜!!（心の中で顔を覆って床の上をゴロゴロ）
みなさまが知らない人から話しかけられる時の内容で、一番多いのって何ですか？ 道を聞かれることが多いですか？ 私はねー！ 私は「これ落としましたよ」がぶっちぎりのトップ！ 先日も3日で2回あったよ！

親切すぎる店員さん

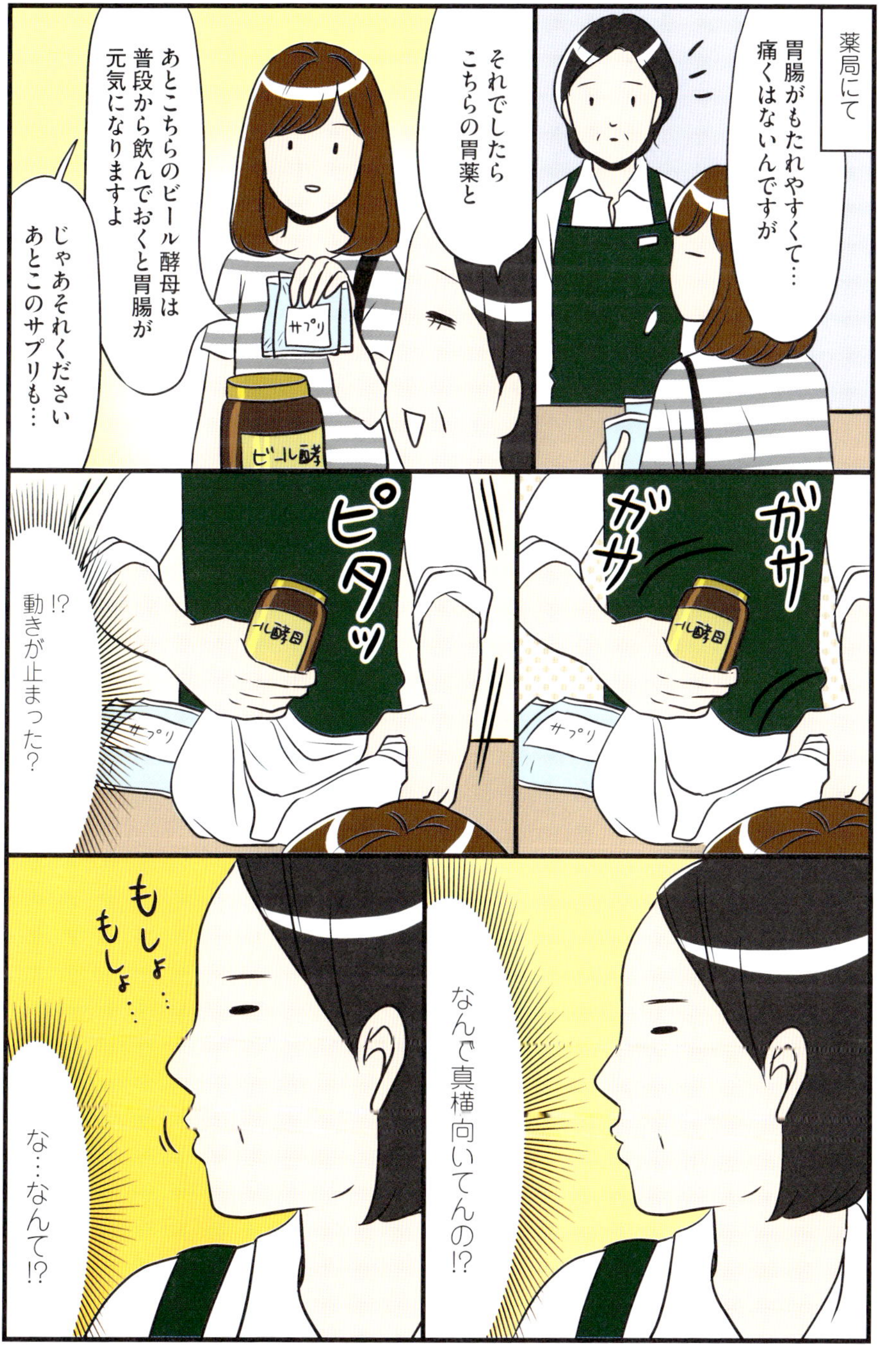

薬局にて
胃腸がもたれやすくて…痛くはないんですが
それでしたらこちらの胃薬と
あとこちらのビール酵母は普段から飲んでおくと胃腸が元気になりますよ
じゃあそれくださいあとこのサプリも…
サプリ
ビール酵
ガサガサ
ール酵母
サプリ
ピタッ
!?動きが止まった?
ール酵母
サプリ
なんで真横向いてんの!?
もしょ…もしょ…
な…なんて!?

これ実は…
来週水曜日に…
ちょっと安く
なるんですよね…
もしょ…
も…しょ…
ほんとは内緒だけど…
知ってるから…
ええ〜〜
店員としての罪悪感と
葛藤しながらの
ご親切をありがとう
じゃあそっちの
胃薬だけいただいて
来週ビール酵母の方を
買いに来てもいいですか
パァ…
そうしますか！
可愛いな
ガサガサ
ピタッ
サプリ
ん？
また横を向いたぞ

こっちのサプリも来週３割引きだから…買いだめなら来週がいいかも…
もしょ…
もしょり…
あでももう今切らしてるなら１個だけ買ったらいいかも…
罪悪感と葛藤しながらも細やかな心遣い
じゃあ今日は１個だけで来週まとめて買います
パァ…
そうしますか！
可愛いっつってんだろ
あと化粧品を買う時は毎月１日はポイント10倍！知ってます？
そうなんですか知らなかった…
お大事に〜！大根とかおうどんとかを柔らかく煮て食べてね〜！
ありがとうございます

ツンデレ犬

スーパー
あ！可愛い犬！
ご主人を待ってるのかな？
可愛いな〜
ん？
てしっ
よく見たら
あそこにも1匹いるな
じ…
ワン！
ワン！
あ飼い主さんが
戻ってきたかな？
ハハハ
大喜び…
ワン！
ワン！
ん？
あの子だけ来ない
じっ
内気な子なのかな…

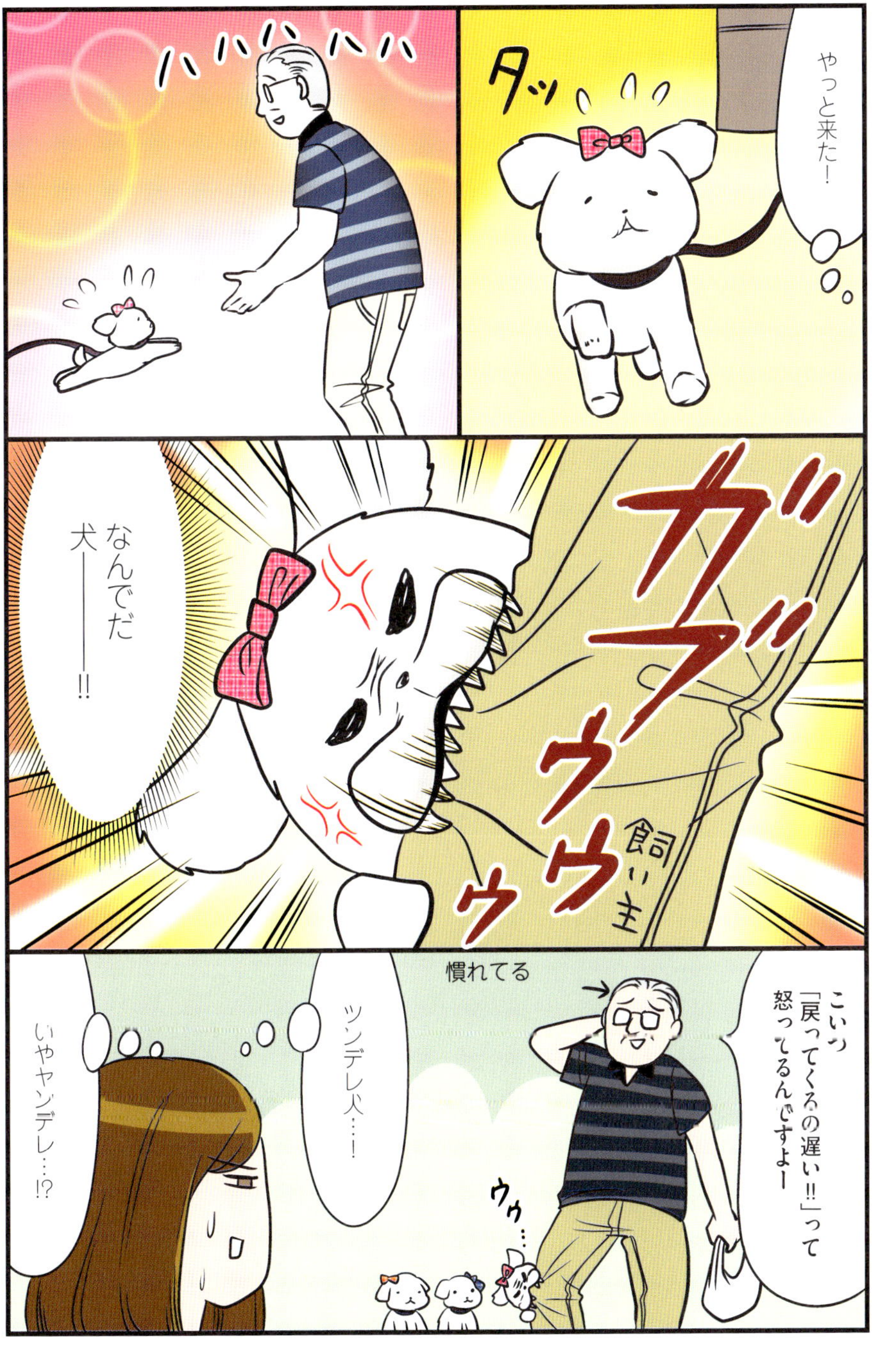
やっと来た!
タッ
ハハハハハ
ガブウウウ
飼い主
なんでだ犬――!!
こいつ「戻ってくるの遅い!!」って怒ってるんですよー
慣れてる
ウゥ…
ツンデレ犬…!
いやヤンデレ…!?

起こしてください

ハッ
今寝ちゃってました
ガバッ
アハハ
知ってます
すっごい口
開いてましたもん
ギャアアアアアアア
マジか

ややだな～
起こしてくださいよ
恥ずかしい～
アハハハ
いやなんか
すごくて…
声かけられなかっ…
すいませ…
ウオオオオオオ
起こせえええええ
いやいっそ殺せ―――!!

美容院に行くといつも
髪の毛のみならず
眠気もスッキリしてしまう…
普段読まない
ファッション誌を
読むチャンス!!って
思ってるのに
つい…
Fashion

あとがき

最後まで読んでいただきありがとうございました。
この本は私の一人暮らしをテーマにした3冊目の本です。
まさか3冊も描かせて頂けるとは。

そしてとうとう、まさかの一人暮らし歴20年目に突入！ 怖っ！
しかもここ10年くらいは一瞬だったので、記憶があやふやです。
20年目っていうのも自信がなく、何度も数え直しました。

しかし一瞬だっただけに、まだまだ一人暮らしでやりたいことがたくさんです。
そして人よりできないことや苦手なことが多いだけに、改善したい点もたくさん。
できないことが多いのは不便ではありますが、今回描かせていただいた料理への挑戦のように、
乗り越えた時の感動がハンパないので、ダメな所が多すぎる人間
略してダメ人間で良かったと思うこともあります（ごく稀に）。

それから、3冊に共通して書いている、私流の一人で楽しむ方法もまだまだありますので、
また機会があったら書かせてもらえたら、
そして読んでいただけたらいいなーと思ってます。
「一人暮らしが趣味」で「一人遊びも趣味」な仲間が増えたら嬉しい！
みなさんの一人遊びテクについても、聞かせていただきたいなあ。

ではまたいつか、お会いできることを願って。
もし近々に会いたいと思って下さる方がいましたら、是非私のブログに遊びに来て下さい。
ブログでは、一人暮らしの日常や、私の周りの人々とのあれこれを日々描いて載せています。
カマタミワブログ『半径3メートルのカオス』
http://ameblo.jp/miwakamata

いつも応援して下さる皆さま、そして初めてこの本を手に取って下さった皆さま、
本当にありがとうございました！

カマタミワ

コミックエッセイ／
発売中！

あぁぁ
ぐいぐい

ワッショーイ
干してあるパンツを収穫してそのまま履く

ひとりぐらしもプロの域
カマタミワ
The Professional of Single life
MF

『ひとりぐらしもプロの域』
オールカラー176p／1000円（税別）

お風呂上りは干してあるパンツを「収穫」してそのまま履き、
渾身のつまみ、酒、DVDを用意して一人映画祭を執り行う。
スーパーの半額タイムでは、恋愛でも出ない勢いの
アドレナリンを大噴出。
18年目になる一人暮らしのすべてをさらけ出した
笑撃のコミックエッセイ。

kamata miwa presents
半径3メートルのカオス
カマタミワ
chaos
with in a 3-meter radius

私、メイク取ると假屋崎省吾に激似なんです
急に何を言ってんの!?

『半径3メートルのカオス』
オールカラー160p／1000円（税別）

巻き込まれ型体質のカマタミワが出会った濃～～～い人々！
道端で！電車の中で！ショッピングで！
ジムで！旅先で！etc.
ひとりぐらしの部屋を一歩出ても
カマタミワの周囲はこんなに面白い!?
描き下ろしでは「旅行編」も読めます♪

カマタミワの好評

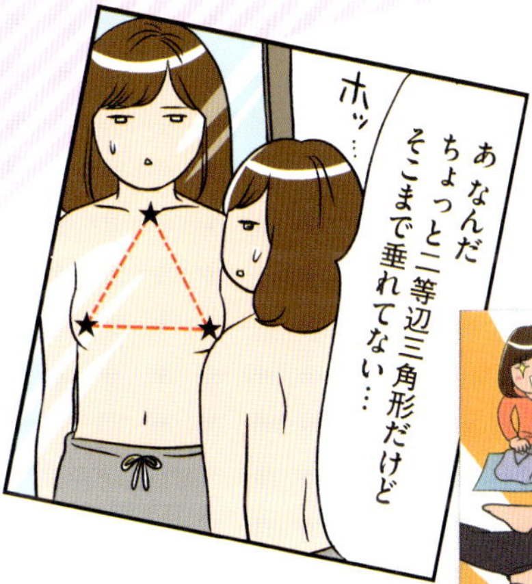

『ひとりぐらしも神レベル』
オールカラー176p／1000円（税別）

一人暮らしも19年目に突入。
いいパンツとどうでもいいパンツの
ヒエラルキーを考えてみたり、
植物に話しかけてみたり、
お中元のところてん突きで
他の食材を突いてみたり、
一人遊びもますます板についてきた。
ザツだけど楽しい一人暮らしの様子を
全力でお届けいたします！

メディアファクトリーの
コミックエッセイ

ひとりぐらしも極《きわ》まれり

2017年 12月 8日 初版発行
2018年 1月 15日 再版発行

著 者 カマタミワ

発行者 川金正法

発行所 株式会社KADOKAWA
〒102-8177 東京都千代田区富士見2-13-3
0570-002-301(ナビダイヤル)

印刷所 株式会社 光邦

本書の無断複製(コピー、スキャン、デジタル化等)並びに
無断複製物の譲渡及び配信は、著作権法上での例外を除き禁じられています。
また、本書を代行業者などの第三者に依頼して複製する行為は、
たとえ個人や家庭内での利用であっても一切認められておりません。
KADOKAWAカスタマーサポート
[電話] 0570-002-301 (土日祝日を除く11時〜17時)
[WEB] http://www.kadokawa.co.jp/ (「お問い合わせ」へお進みください)
※製造不良品につきましては上記窓口にて承ります。
※記述・収録内容を超えるご質問にはお答えできない場合があります。
※サポートは日本国内に限らせていただきます。
定価はカバーに表示してあります。

©Miwa Kamata 2017 Printed in Japan
ISBN 978-4-04-069602-7 C0095
JASRAC 出 1713209-702

読者アンケート受付中♥
ケータイからアクセス♪

アンケートにお答えいただくと
人気作家の**オリジナルデコメ**
がもらえます!
あなたのメッセージは著者にお届けします。

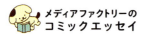